Patrick Colgan

ORIZZONTE GIAPPONE

Viaggio fra cultura, cucina e natura
di un paese all'apparenza incomprensibile

goWare

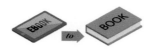

L'ebook è molto di +
Seguici su facebook, twitter, ebook extra

© goWare

ottobre 2014, prima edizione

ISBN 978-88-6797-249-4

Con la collaborazione di Enrico Lanfranchi e Paola Guazzotti

Redazione: Paola Guazzotti
Copertina: Lorenzo Puliti
Sviluppo ePub: Elisa Baglioni

Tutte le foto, compresa quella di copertina, sono dell'autore

goWare è una startup fiorentina specializzata in digital publishing

Fateci avere i vostri commenti a: info@goware-apps.it

Blogger e giornalisti possono richiedere una copia saggio a Maria Ranieri:
mari@goware-apps.com

Made in Florence on a Mac

Prefazione

Questo ebook è il frutto di sei viaggi in Giappone, fatti nell'arco di quasi quattro anni in diverse stagioni, diverse situazioni, da solo e in coppia e con un diverso grado di conoscenza del Paese e della lingua. I racconti di cui è composto non sono in ordine cronologico. Alcuni sono tratti in parte dal mio blog, 'Yuriage e Watari' è invece tratto da un mio reportage pubblicato l'11 marzo 2014 sul "Resto del Carlino - Quotidiano Nazionale", in occasione del terzo anniversario del grande terremoto del Tohoku.

Prologo

Panico. È la sensazione che provo mentre l'aereo Alitalia semivuoto sul quale mi trovo sta scendendo su Tokyo, in una mattina limpida di gennaio. Sfinito da dodici ore incastrato in questa sedia della classe economica, mi scopro all'improvviso circondato da persone che parlano una lingua che non conosco, mentre scendo sull'ignoto. Conosco questa sensazione, questo vuoto nello stomaco, questa improvvisa voglia di scappare. L'ho provata anche prima di toccare il suolo in India o al mio primo grande viaggio, quando vidi apparire sotto di me la grande massa urbana di Istanbul, aggrappata ai lembi di due continenti. È la paura di affacciarsi su qualcosa che non si conosce, un brivido piacevole di cui improvvisamente si perde il controllo. E nonostante i tanti aspetti della cultura contemporanea giapponese ben conosciuti in occidente, almeno in superficie, dal sushi ai manga, per arrivare al successo di scrittori come Haruki Murakami o Banana Yoshimoto, il Giappone evoca immancabilmente l'impenetrabilità, l'incapacità di comunicare, migliaia di ideogrammi incomprensibili.

Le domande che mi facevo quel giorno mentre l'aereo atterrava all'aeroporto di Narita sono le stesse che mi rivolgono ogni settimana molti lettori del mio blog: "Ce la farò a orientarmi in Giappone? Riuscirò a farmi capire? Quali difficoltà incontrerò?". Questo libro racconta un viaggio che da allora non è finito, anche perché la risposta a tutte queste domande non è sempre positiva, per fortuna: sentirsi un po' persi e spaesati in Giappone può essere emozionante. E viene voglia di provare a capirci qualcosa di più.

I luoghi della narrazione

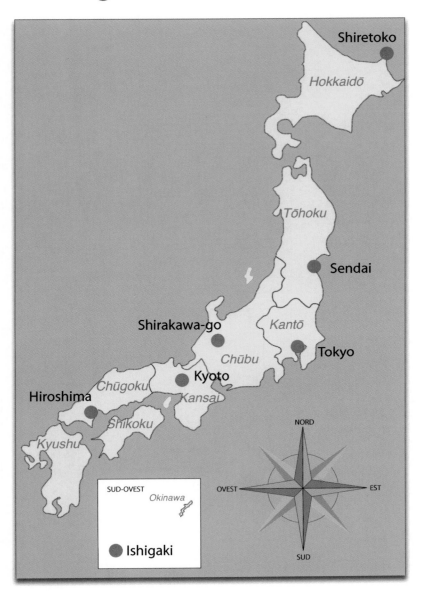

Shiretoko

Hokkaidō

Tōhoku

Sendai

Shirakawa-go

Kantō

Chūbu

Tokyo

Kyoto

Chūgoku

Hiroshima

Kansai

Shikoku

Kyushu

SUD-OVEST

Okinawa

Ishigaki

NORD

OVEST — EST

SUD

Le città

La metropolitana

La ferrovia mi sta risucchiando nella pancia di Tokyo, in questo ventre enorme. È il Narita express che si sta muovendo lungo i binari, ma a me sembra che ci sia una forza superiore che ci trascina inesorabilmente lungo questi fasci di nervi intrecciati. Tokyo è un enorme essere vivente. E le gigantesche stazioni dei treni e della metropolitana sono le sue sinapsi. Le persone, *le folle* che si muovono ordinate al suo interno sono gli impulsi elettrici che danno vita a questa città. Tutto sembra obbedire a leggi, a schemi che si ripetono all'infinito nelle consuetudini di milioni di persone che qui si uniscono. Questi spartiti entrano in crisi solo in alcuni precisi momenti, sempre gli stessi. Non succede nell'orario di punta della mattina, quando plotoni di impiegati rassegnati finiscono schiacciati in vagoni strapieni. No, è quotidiana normalità. Il sistema sembra sull'orlo di andare in frantumi solo all'orario di chiusura dei fine settimana, quando la folla si scompone intorno alla mezzanotte nella corsa all'ultimo treno, barcollante per i troppi bicchieri bevuti in *izakaya* con i colleghi.

L'immagine di questa città come un qualcosa di vivo, una pancia smisurata, un intreccio di nervi e arterie non mi lascia. Ce l'ho stampata in mente da un paio d'anni, da quando andai a vedere una mostra sul movimento architettonico giapponese del Metabolismo, quello di Kenzo Tange e altri. Teorizzava, in breve, che gli uomini, la vita, si adattassero ai mutamenti dell'ambiente, che le città si rinnovassero continuamente in uno scambio continuo. O così l'avevo capito, probabilmente sbagliando. Inevitabilmente però questa idea che mi si era fissata in testa faceva pensare alla città come a una cosa viva, che cresceva come un organismo assieme ai suoi abitanti. Ed ero ancora ossessionato dalle immagini che avevo visto, come il modello di un'immensa megalopoli da 100 milioni di abitanti ipotizzata fra Tokyo e Osaka, mentre salivo sul terrazzo dell'edificio che ospitava l'esposizione, l'altissima Mori Tower. Ero solo, circondato da un mare di luci, a perdita d'occhio. Tokyo, con 13 milioni di vite, era una città-oceano. E da quell'altezza le strade, i treni, sembravano i vasi, i condotti nei quali fluivano gli umori di un grande essere vivente. Mentre cercavo di resistere al vento gelido di quella notte d'inverno potevo sentire il rumore di fondo della città, il suo grande, profondo respiro che saliva fino a me.

 [1 – Tokyo dalla cima della Mori Tower, pag. 67]

"Perché ami il Giappone?", mi ha chiesto qualche tempo fa a bruciapelo Lorenzo, un ragazzo di 36 anni che vive da un anno e mezzo a Sendai, dove insegna italiano. Non so mai cosa rispondere esattamente a questa domanda, ne cerco ancora la risposta dopo sei viaggi. Del Giappone amo la natura e la cultura, anche in quegli aspetti che capisco o mi piacciono meno. Amo quella sensazione di riconoscere qualcosa e di non comprenderlo fino in fondo. Cerco di spiegarlo, ma Lorenzo mi interrompe: "Io amo il Giappone perché mi piacciono i giapponesi, il vero spettacolo di questo Paese. E secondo me è la stessa risposta che stai dando tu".

Aveva ragione. E, parlando di gente, qui, stipata nelle città, ce n'è tantissima. È impossibile a Tokyo non rimanere sorpresi dallo spettacolo della folla e inebriati dalla sensazione di farne parte, anche solo per qualche momento. È la prima cosa che stupisce quando si arriva e si viene inghiottiti dalle sue stazioni, come quella tentacolare di Shinjuku. Il posto migliore in cui si può osservare questa grande rappresentazione quotidiana è la metropolitana, il collo di bottiglia in cui passano e dal quale vengono risputati tutti: dai bambini delle elementari in uniforme, che spesso prendono il treno da soli, agli studenti, alle anziane donne in kimono. Ci sono studenti, impiegati, pensionati, pochi occidentali. Sono spesso turisti, che qui, completamente fuori scala, spaesati e asincroni rispetto al flusso ordinato, appaiono corpi estranei. "I grandi viaggiatori si sono resi invisibili", scrive Paul Theroux: qui non è possibile.

Quella del treno è una presenza pervasiva nella vita di questa metropoli, dove chi può rinuncia completamente all'auto. Molti miei amici non hanno nemmeno la patente. È un pensiero fisso, perché è la metro a scandire, filtrare ogni spostamento, il ritmo stesso della vita che ruota attorno ai suoi orari. Il suo reticolato a prima vista sulle mappe appare assurdo, incomprensibile, un blob di spaghetti colorati gettato su un foglio bianco. In realtà è ostico anche per gli abitanti di Tokyo che viaggiando si aggrappano alle loro certezze di ogni giorno. E quando deviano dalle loro consuetudini si affidano quasi sempre alle App dei loro telefoni, precise al secondo, per orientarsi in questo labirinto.

Underground, di Haruki Murakami, è il racconto di un attentato terroristico e delle ferite che ha lasciato nella nazione, scritto attraverso una serie di interviste ai sopravvissuti. Ma è anche un grande saggio sulla metropolitana di Tokyo. Fra le sue pagine si scopre che per molti passeggeri la routine quotidiana è sempre uguale, immutabile, piena di certezze. Ciascuno è parte di un meccanismo forse non davvero perfetto, ma che funziona sempre. Così, quando nel 1995 la setta Aum lanciò un attacco mortale con il gas sarin su una serie di vagoni, molti non potevano crederci e persone che già subivano gli effetti del gas e dolori lancinanti restarono al loro posto, convinte che tutto si sarebbe sistemato. Morirono otto persone. Un attacco terroristico era impensabile quanto trovare un posto a sedere insperato in un tratto affollato della linea di superficie *Yamanote*. Un evento imprevisto, quest'ultimo, che può cambiare la giornata di una persona (in positivo). Io, che sono in vacanza, penso alla vita faticosa e ai lunghi spostamenti di queste persone. Provo compassione. E sul treno pieno di gente resto in piedi.

Mentre sono in piedi sul treno mi guardo intorno e gioco a fare delle statistiche osservando le persone. Alcuni dormono, anche in verticale, un'abilità probabilmente unica di chi vive a Tokyo: crollano poco dopo essere entrati e si risvegliano puntuali alla loro stazione. Circa un terzo dei presenti legge giornali, romanzi o fumetti. Difficile distinguere fra queste due ultime categorie perché quasi tutti usano per riservatezza una sovraccoperta anonima. Infine la metà dei passeggeri è curva sullo smartphone: a volte impegnata in videogiochi, più spesso in chat con amici, che si trovano probabilmente su un vagone diretto dalla parte opposta della megalopoli: raramente si è così fortunati da fare il tragitto assieme a dei colleghi. E quando succede si parla piano, a bassa voce. Nessuno mangia, nessuno telefona. Perché nessuno vuole disturbare il suo vicino. Forse, come scrive ancora Paul

Theroux, la cortesia e il rispetto delle regole sono davvero una strategia di sopravvivenza in una città di queste dimensioni. Solo così può funzionare la folla. È una visione superficiale, ma una visione d'insieme. È già un inizio.

Il cibo

Cammino per le strade secondarie di Shinjuku, lontano dai famosi neon che hanno ispirato le scenografie di *Blade Runner*, ma mi sento estraneo come un replicante. Lancio un'occhiata dietro le porte che si aprono nei palazzi e negli edifici. Ci sono uomini vestiti di scuro seduti al bancone, curvi sulle loro scodelle. Locali pieni di ragazzi e ragazze in piedi che si affollano attorno a un uomo che muove degli spiedini su una piastra. Uomini che scostano tende di plastica ed escono, aprendo uno squarcio su locali pieni di fumo e vapori, dai quali esce solo il rumore delle bacchette di legno o di *noodles* in brodo che vengono sorbiti in una chiassosa sinfonia liquida di bocche aspiranti. Potrebbero essere le cinque o le sei come mezzanotte, queste sono immagini che si ripetono all'infinito come in un corridoio ricoperto di specchi.

[2 – Tokyo, gli spiedini vengono preparati in un tachinomi, un locale dove si mangia e si beve restando in piedi, pag. 67]

Potrebbe essere ovunque, addirittura Osaka, Sendai o Sapporo. Sono tutte città in cui si ama mangiare e i ristoranti sono sempre affollati. Ma è anche il tessuto urbano anonimo di gran parte delle città giapponesi a confondere. Le vie qui non hanno un nome, ma sono talmente spoglie di qualsiasi identità che forse, se lo avessero, sarebbe tutto ancora più assurdo. Quello in cui cammino è come un deserto, penso, un panorama senza storia né profondità, azzerato più volte: prima dagli incendi che scoppiavano quando la città era interamente di legno e carta e da terremoti devastanti, poi dai bombardamenti alleati, infine dall'impetuoso sviluppo edilizio. Uno sviluppo culminato con la bolla speculativa degli anni '80 che ha lasciato macerie dietro di sé. Macerie per modo di dire, perché i brutti palazzi dall'età media di 25-30 anni ci sono ancora tutti, muti testimoni di quel periodo di irragionevole ottimismo e arroganza. Cicerone si sbagliava: dalla storia non si impara e l'uomo lo dimostra continuamente. Sembrava che la crescita al 6, all'8 per cento potesse essere infinita, inarrestabile. Tutti volevano fare affari col Giappone, come con la Cina oggi. Era l'orizzonte, il modello, la locomotiva dell'economia che avrebbe guidato il mondo verso il nuovo millennio. Un'illusione che aveva contagiato anche Tiziano Terzani, che detestava questo Paese, e che scrivendo nel 1990 percepiva l'arroganza dei giapponesi "che si vedono come l'epitome dell'uomo moderno". Anche lui ci vedeva il "futuro", una parola che non gli piaceva, che forse per lui non aveva senso. La stessa parola che ritorna nei pensieri della moglie Angela Terzani Staude quando scriveva "quanto vi accade determinerà in qualche modo il nostro futuro e quello dei nostri figli". Ma le illusioni sono andate in frantumi: è finito tutto, di schianto. Quello che c'è stato dopo, gli anni '90, è ricordato come il *decennio perduto*, ma forse si dovrebbe parlare di ventennio o trentennio: il Paese, lo dicono tutti, lo dicono i numeri, lo dice la radicale politica economica e nazionalista dell'attuale primo ministro Shinzo Abe, non si è ancora ripreso. Neanche nel paesaggio urbano.

Cammino con lo stomaco vuoto, in cerca di un posto dove fermarmi a mangiare. So già dove andare, ma davanti ho un universo di possibilità che fa tremare le mie certezze. Tokyo è una città affamata, insaziabile, un vortice di sapori capace di mettere in crisi qualsiasi viaggiatore ottuso si porti in tasca la convinzione che la sua cucina sia la migliore del mondo. Ci sono ristoranti ovunque, di ogni livello e prezzo, spesso irrisorio, e alcuni sono aperti sempre, a qualsiasi ora. Ciascuno ha la sua clientela: alcuni sono frequentati da uomini, altri da donne, altri ancora da coppie e gruppi. E poi ce ne sono di minuscoli, aperti solo ai clienti abituali, come un ristretto club. Ogni ristorante è specializzato in un solo tipo di cibo: si va dalle catene dozzinali che servono *gyudon*, riso e carne di manzo, a schiere di impiegati affamati che si riempiono la pancia con un paio di euro, per arrivare ai ristoranti di sushi: quelli a prezzo moderato che fanno il pieno durante la pausa pranzo degli uffici. E infine ci sono le *izakaya*, i posti dove si beve. E qui, quando si beve, è inconcepibile non mangiare.

Mentre cammino scorro con lo sguardo le indecifrabili insegne dei ristoranti e dei locali, cercando di indovinare che cosa propongono. Alcuni espongono in vetrina riproduzioni perfette del cibo in plastica.

Sono ormai così abituato a vederle che solo quando vedo la vetrina di un ristorante italiano, piena di pizze posticce e pasta al pesto fasulla, l'effetto è davvero spiazzante. È uno strano tipo di arte che ha il suo Louvre nella zona di Kappabashi, dove viene venduto ogni tipo di simulacro del cibo. Queste riproduzioni vorrebbero solleticare l'appetito, ma c'è una vena infantile, ludica che in Giappone ritorna spesso nel cibo, nel sesso, negli angoli della vita dedicati al piacere e che non riesco a prendere sul serio. Questi piatti finti mi ricordano le pagnotte e le torte di plastica con le quali giocavano le mie compagne di classe alle elementari. Mi fanno sorridere oggi come allora.

Altre volte però capire cosa offrono i ristoranti è quasi impossibile a priori. Potrei chiedere a qualcuno, ho cominciato a imparare il giapponese anche per superare l'insormontabile barriera linguistica: qui tutti studiano inglese, ma nessuno lo sa parlare e non ci prova nemmeno per il timore di fallire. Ma in alcuni casi intuire cosa c'è dietro una porta è difficile anche per i miei amici che vivono a Tokyo. Passo davanti a una porta chiusa e opaca con un solo ideogramma, dalla quale esce un rumore di voci e risate. Forse è uno *yakitori-ya*, un posto dove vengono serviti spiedini e alcolici a manipoli di *sarariman* (dall'inglese *salaryman*), gli impiegati che escono dall'ufficio e vanno a bere con i colleghi. E quando alzano troppo il gomito, nelle conversazioni di chi li osserva o li incrocia mentre ondeggiano per la strada, diventano in un istante *iopparai* (ubriaconi). Un termine che appiattisce le solitudini e le disperazioni che ribollono sotto la pelle di questa città. Le scopri solo quando ti ci trovi faccia a faccia, se davanti a uno spiedino ti rivolge la parola un impiegato delle ferrovie, che ormai ha come unica compagna di vita una bottiglia di whisky Suntory che vuole condividere con te, o quando la sera vicino alle stazioni compaiono, chissà da dove, i senza tetto con i loro giacigli di cartone.

Osservo ancora questa barriera. Dietro una porta chiusa in Giappone potrebbe esserci davvero di tutto. E le porte chiuse si moltiplicano. Alzo gli occhi e guardo le scritte illuminate ai piani superiori dei grandi palazzi, spesso imbottiti di attività commerciali per tutta la loro altezza. Ci sono altre possibilità, altri locali: bar, ristoranti, club, karaoke, parrucchiere, palestre, bordelli e ancora altri posti che forse non riesco nemmeno a immaginare. Riconosco solo i *love hotel*, gli alberghi a ore con i nomi bizzarri e le tariffe asetticamente esposte fuori con eufemismi in inglese come *rest*, riposo, o *stay*, pernottamento. Alle volte capita di vedere una giovane coppia che entra, probabilmente non ha una casa dove avere un po' di intimità. Nelle altre insegne il mio giapponese mi permette a volte di leggere qualcosa, cogliere nomi, singole parole, che quasi sempre non significano nulla. A volte sarei tentato di scegliere un'insegna enigmatica e aprire la porta o suonare il campanello, anche se molti dei posti più strani sono chiusi agli stranieri, i *gaikokujin* (parola più cortese della sprezzante abbreviazione *gaijin*). Ma alla fine non lo faccio mai. "Non entrare – avverte lo scrittore Pico Iyer, che ha vissuto in Giappone 25 anni, mentre conversa con Paul Theroux –. La mia impressione, quando vedo cose simili in Giappone, è che non sai mai in che cosa vai a cacciarti".

Per chi arriva la prima volta in questo Paese, trovarsi fra queste insegne enigmatiche che arrivano fino all'ottavo piano e oltre è un'esperienza sconcertante e frustrante. Gli ideogrammi, per chi non li sa leggere, sono semplici immagini, senza senso, i frammenti di un caleidoscopio. Seducenti e vuoti. E così si muovono, prendono vita, si sovrappongono, diventano un confuso vortice luminoso che ti avvolge, come quando guardi una luce troppo a lungo. Anche se ormai ne so leggere alcune centinaia spesso l'effetto di insieme mi confonde ancora, è come guardare la griglia di quei giochi enigmistici in cui c'è un ammasso di lettere e devi trovare le parole nascoste. Così, per capire cosa sto osservando, cerco di interpretare altro. Guardo i dettagli, la gente in fila davanti agli ascensori, cercando di intuire qualcosa dall'aspetto, dall'atteggiamento, scivolando nella curiosità un po' morbosa dell'occidentale. Dove andrà quell'uomo? E quel gruppo di ragazze? Perché hanno la mascherina da chirurgo? La portano perché hanno il raffreddore, come si usa fare da queste parti per non diffondere i virus, o perché non vogliono essere riconosciute? Stanno andando a vendersi in un *image club* o un *soap land* per pagarsi lo shopping come si dice che facciano tante *office girls*, o stanno andando in una caffetteria con le amiche? Sono domande senza risposta. E così finisce che ti aggrappi al filo di Arianna della guida, ai pochi nomi stampati, o che entri nel primo locale che ha un aspetto rassicurante.

Una cosa è certa: i giapponesi amano mangiare e nelle grandi città amano anche parlare di cibo. Con passione smodata. Sono disposti a fare lunghe file per provare l'ultima novità di cui sono costantemente alla ricerca o per sedersi in uno dei ristoranti più famosi. Le code, lunghe anche cento metri, si possono vedere facendo due passi a Omotesando o a Ginza all'ora di pranzo o ai piani dei centri commerciali dedicati al cibo. "Quando vedi una coda, mettiti in fila, è sicuramente un posto speciale", mi ha detto un'amica. Ma è un consiglio che non riesco a seguire. Non ho la stessa disciplina e pazienza di queste persone.

Quando si pensa alla cucina giapponese, in Italia si pensa al *sushi* e al *sashimi*. E il pesce crudo qui può diventare una cosa seria, serissima. Il tonno migliore viene conteso dai ristoranti ogni mattina all'asta del tonno del mercato Tsukiji, una specie di gigantesco frullatore in cui dall'alba, per alcune ore, carambolano impazziti pesci, carrelli, muletti, banconote. Qui non si scherza e periodicamente, per colpa di qualcuno che tocca un tonno o intralcia il lavoro nonostante gli innumerevoli avvisi, l'accesso viene chiuso ai turisti per settimane. Il pesce scrutato, classificato, conteso, aggiudicato arriva poi ai ristoranti di Ginza lungo una staffetta di sguardi concentrati e impassibili. Giunge in templi della cucina come Kyubey, per esempio, dove ogni singolo pezzo viene preparato al momento da uno chef che serve al massimo quattro-cinque clienti. Pesce, riso, wasabi vengono disposti con cura dal cuoco: una composizione perfetta per essere mangiata in quell'esatto istante, non prima e non dopo. È una perfezione sfuggente e per questo ancor più preziosa. È una perfezione che costa e che ci si deve guadagnare: qui si può fare un pranzo indimenticabile con diecimila yen – più o meno 80 euro – ma capita di aspettare anche due ore. Da Jiro, forse il ristorante più famoso, i prezzi aumentano molto e si ha speranza di prenotare solo se si è accompagnati da un nativo di Tokyo.

Il sushi è preso seriamente, ma in Giappone non c'è forse una cosa seria quanto l'umile *ramen*. I tagliolini in brodo, o *noodles*, sono di origine cinese. Per scrivere il loro nome i giapponesi usano ancora i *katakana*, i caratteri che riservano alle parole straniere, ma sono diventati la cosa più nipponica che esista. Sono lo spuntino del *sarariman*, sempre lui, ma anche il piatto degli studenti, con il quale sfamarsi a notte fonda, il piatto di conforto che ci si concede aspettando il primo treno del mattino per tornare a casa o il 'tappo' da mettere nello stomaco dopo aver alzato il gomito coi colleghi. È una passione tutta maschile, che diventa devozione e per alcuni un'ossessione. Un culto favorito dall'incredibile varietà di preparazioni, ricette, stili e dall'esorbitante numero di ristoranti. È un mondo che viene esplorato e raccontato in programmi televisivi, libri e blog, in giapponese e in inglese (come Ramen Otaku o Ramen adventures).

Quando arrivo in Giappone il *ramen* è spesso il primo piatto che mi concedo. È così difficile trovare vero *ramen* in Italia che solo in quel momento, quando mi siedo al bancone accanto a un uomo di mezza età in giacca e cravatta, piegato sul suo piatto fumante e impegnato in un corpo a corpo con i *noodles,* mi sento davvero a Tokyo. Ma vengo qui anche perché il *ramen* è un'esperienza solitaria e silenziosa in cui si può concentrare il pensiero su di un'unica cosa: è un rilassante abbandono. In questo minuscolo ristorante in cui sono venuto non devi nemmeno ordinare, ti puoi limitare alle formalità essenziali. Qui fai l'ordinazione con un distributore automatico, un'altra ossessione dei giapponesi, loro stessi a volte confusi da queste macchinette: non riesco a leggere i nomi dei piatti, ma ci sono decine di foto, un mosaico disorientante. Le immagini dovrebbero rendere tutto più chiaro, ma le differenze possono essere colte solo dagli eletti, da chi sa cos'è quella chiazza gialla o quel disco bianco e rosa che si vedono nella scodella. Scelgo l'unica cosa di cui riesco a leggere il nome, temendo di ritrovarmi altrimenti cose come il temibile *natto,* puzzolente soia andata a male di cui i giapponesi vanno matti e che è uno dei tanti aspetti di questo Paese che continua a sfuggirmi. La macchina sputa uno scontrino che consegno direttamente a un cuoco.

Poi si segue un piccolo rito, ci si siede, ci si versa un po' di acqua e si aspetta. E quando poco dopo arriva la scodella ci si concentra sui gesti e sul sapore. Perché il *ramen* richiede attenzione. E in questo modo si finisce per dimenticare il risucchio, gli schiocchi, i sospiri di chi sta mangiando vicino a te. Tutto ha un senso: si aspira chiassosamente per raffreddare con l'aria i tagliolini, serviti in un brodo bollente. E secondo chi se ne intende è proprio il brodo la chiave del *ramen*, il suo cuore, la distinzione netta che segna lo spartiacque fra uno stile e un altro. Le varianti base sono quattro. Il brodo può essere *shio* – significa sale – che spesso mescola brodo animale e vegetale, dal colore pallido. Lo *shoyu* è a base di soia e ha un colore più scuro. Il *tonkotsu* ha un colore biancastro e opaco, è un brodo denso e saporito tipico del sud che nasce dalle ossa di maiale bollite molto a lungo. L'odore è intenso e inconfondibile. E poi c'è il *misoramen,* a base di soia fermentata (*mi-*

so), mescolata con brodo animale, tipico del nord del Paese. Quindi l'altra componente del piatto sono i *noodles*, tagliolini, lisci o arricciati come nello stile di Tokyo, per trattenere meglio il brodo. Possono essere serviti dentro la scodella o al loro esterno, in un piatto a parte, da immergere al momento, un po' alla volta. I sostenitori di questa variante – si chiama *tsukemen* – affermano che in questo modo la pasta non scuoce e che resta così della consistenza perfetta fino alla fine. Ancora una volta ogni singolo boccone deve essere perfetto. Infine, sopra ai *noodles* si possono mettere altre cose: carne di maiale (*chashu*), uovo (*tamago*), porri (*negi*), pesce e altro ancora. Molti ristoranti offrono un'ampia scelta, ma i più spartani, come Kinryu a Osaka, preparano un solo tipo di brodo e lasciano i condimenti a disposizione del cliente, che si serve da solo.

Io sono concentrato sul mio *ramen*. Ho imparato come si fa: prima si assaggia il brodo con un cucchiaio, poi si prende un grumo di *noodle* con le bacchette, quindi si può passare alla carne o all'uovo. I gesti si ripetono ciclicamente. Il primo contatto col sapore del misoramen mi fa tornare in mente tutte le altre scodelle che ho mangiato in Giappone e le persone, gli amici con cui ero, in ogni città, come un filo che lega tutti i miei viaggi, da Ishigaki ad Hakata, a Sapporo. Le immagini scorrono davanti ai miei occhi come un film confuso, mentre il sapore forte e piccante mi fa lacrimare gli occhi. Forse penso troppo, o forse sono solo uno straniero sentimentale e impacciato con le bacchette, ma l'uomo accanto a me ha già finito e se ne è andato. Senza lasciare un goccio di brodo. Il mangiatore di ramen si distingue anche dalla velocità. È un orgasmo rapido, ma furibondo.

Il ramen perfetto

"Maestro, prima il brodo o i noodles?"
"Per prima cosa, guarda la scodella"
(dal film Tampopo)

Dopo sei viaggi in Giappone e decine di ristoranti provati, il *ramen* sta diventando pian piano un'ossessione anche per me: anche io cerco la scodella perfetta, l'appagamento che farà impallidire tutti gli altri sapori. E cerco anche la chiave per capire questo mondo che osservo senza capire fino in fondo. Così contatto Shinji Nohara, guida gastronomica che apre i segreti della città a chef e giornalisti. Accetta di incontrarmi: dobbiamo vederci alle 11 per arrivare prima dell'ora di punta. Mi porterà nel suo ristorante preferito. Ci dobbiamo vedere a Shibuya, dove ogni giorno si dà appuntamento mezza città e incredibilmente, nonostante la quantità di gente, ognuno riesce a incontrare chi deve vicino alla statua di Hachiko, il cane fedele che ogni giorno aspettava il suo padrone, anche quando lui, ormai, non c'era più. Attraversiamo le famose strisce pedonali, le più affollate al mondo. Tutto il giorno a intervalli regolari migliaia di persone si riversano con passo svelto su queste zebre che si incrociano. Osservo il minuto d'attesa, la folla immobile che aspetta dall'altra parte della strada come se fosse sulla riva di un fiume. Poi, quando scatta il verde, quest'ordine vacilla, la terra diventa acqua e, come se fosse una diga che si apre, la marea si riversa sull'asfalto, con un'unica, impetuosa onda. Immagino di osservare la scena con l'avanti veloce: è un movimento frenetico ma ritmico, perfetto, e che per qualche insondabile motivo riceve continuamente carburante umano, non si blocca mai. Se osservi questo punto della città da abbastanza in alto sembra di guardare un cuore: come sistole e diastole queste due fasi si alternano tutto il giorno e c'è qualcosa di miracoloso nell'infallibilità di questo andirivieni, nel continuo ritorno dell'uguale. Quello di Shibuya è uno spettacolo magnetico: la prima volta che venni qui restai ore col naso appiccicato al vetro della caffetteria che si affaccia sull'incrocio. Fotografavo, cercavo di capire, ma soprattutto guardavo, ipnotizzato.

 [3 – Tokyo: le strisce pedonali di Shibuya, pag. 68]

Il Giappone è uno fra i Paesi più anziani al mondo, ma qui mi sembra di vedere solo giovani. Ogni 24 ore queste strisce pedonali spingono nelle varie direzioni lungo le arterie cittadine 500mila persone, buona parte delle quali ragazze che vengono risucchiate dal colossale centro commerciale Shibuya 109. Ricordo quando sono entrato in quello scatolone verticale al mio primo viaggio in Giappone e riesco a rintracciare solo immagini sparse, scollegate l'una dall'altra come una serie di polaroid disposte alla rinfusa su un tavolo: la folla di ragazze,

i look curatissimi o estremi, i capelli tinti di biondo platino, le mi-
nigonne, i gruppi di studentesse in divisa appena uscite da scuola, i
cartelli, gli ideogrammi, le scale mobili. E poi ricordo il frastuono, un
magma sonoro disorientante, che fa perdere la bussola in un labirinto
di piani, corridoi e piccoli spazi commerciali. Ho in mente la musica
ad alto volume, le voci squillanti delle ragazze e i richiami cantilenanti
delle commesse che gridano "irasshaimase" – benvenuti – e strillano
le loro offerte. Tutto sembra estremamente moderno, ma ha qualcosa
di antico. Sembra quasi una messa in scena del mercato di Ballarò con
nuovi costumi, nuovi interpreti, nuovi suoni e un po' di follia. È come
una commedia di Shakespeare ambientata nello spazio da un regista
sotto stupefacenti. Mentre cammino cerco di osservare se dall'esterno
le pareti del centro commerciale vibrano per tutto quel trambusto che
contengono, ma sembrano immobili.

Attraversiamo la strada e, con mia sorpresa, Shinji non si dirige
verso il treno, ma verso la fermata del bus. È una rarità a Tokyo, dove si va quasi sempre in metro. Il bus lo usano spesso i pendolari che
abitano in zone poco servite dalle ferrovie, ma amici che vivono in
città mi hanno confessato di non averli mai presi. Ed è strano vedere
la città lentamente mentre ci spostiamo, fermarsi ai semafori, guardare la vita in superficie che sembra andare a un ritmo estremamente
più lento di quello che viene imposto pochi metri sotto al suolo. Da
questo finestrino mi sembra di vedere Tokyo al *ralenti*. Non mi sembra solo meno veloce, ma immobile, come una sequenza di cartoline.
Nel frattempo cerco di ascoltare Shinji-san che mi racconta di avere
abbandonato il suo lavoro di giornalista per dedicarsi completamente
alle sue passioni: il cibo, il vino, il mondo dei locali per coglierne le
continue trasformazioni.

Shinji ama i colpi di teatro e mi ha tenuto all'oscuro sulla destinazione, ma alla fine scendiamo a *Meguro*, un quartiere in apparenza
anonimo, che nelle guide spesso nemmeno c'è. Il nome significa "occhi neri", come quelli di una statua contenuta nel tempio Fudo-son,
nascosto fra i palazzi grigi in un piccolo bosco segreto. Stento a crederci quando ci infiliamo in una stradina scoprendo quello che sembra un
angolo di montagna giapponese stretto fra il cemento e gli stradoni.
Ci sono grandi pini accuratamente, volutamente contorti dall'impe-
gno degli uomini, forse gli stessi monaci. Poi una fontana a forma di

drago e un silenzio profondo che sembra aver risucchiato tutti i suoni della città. Sento solo l'acqua che scorre. Un uomo che sembra appena uscito dall'ufficio sale i ripidi gradini che portano al tempio principale per andare a pregare. È l'unico movimento. I grattacieli fra i quali mi trovavo pochi minuti fa sembrano lontani mille chilometri. Sono sorprese più frequenti di quanto ci si potrebbe immaginare a Tokyo, un trucco simile al teletrasporto, che avvicina mondi lontanissimi. Ricordo ancora l'impressione che mi fece la prima volta il parco di Yoyogi, una specie di enorme foresta in mezzo ad alcuni dei quartieri più affollati della città. Ma qui è tutto più improvviso, inaspettato.

Vorrei restare, ma questo tempio non è la nostra destinazione. Camminiamo per alcuni minuti lungo una strada larga, ma poco trafficata. Poi ci fermiamo. Il ristorante si chiama Katsuya e dall'esterno sembra talmente anonimo, spartano e datato che mi viene il dubbio che la mia guida voglia prendermi in giro. Sembra un vecchio fast food – plastica, fòrmica, vetro – al quale abbiano strappato le insegne e appiccicato davanti due ideogrammi, come per mascherare una trasformazione frettolosa. Non sono ancora le 12, ma c'è già molto movimento. Un cuoco viene a prendere l'ordinazione al tavolo e lascio fare Shinji-san, che mi spiega uno dei primi motivi per i quali ama questo posto: "Non mi piacciono i ristoranti con la macchinetta per le ordinazioni all'ingresso, tengono il cliente a distanza".

Cominciamo con *gyoza*, simili ai ravioli che vengono serviti ai ristoranti cinesi e che per decenni ho ordinato come antipasto prima del riso alla cantonese. Ma l'aspetto familiare mi inganna perché le differenze sono nette. Qui innanzitutto sono di due tipi: *yaki-gyoza*, alla piastra e *yude-gyoza*, bolliti. Poi li assaggio e scopro un gusto diverso, che contrasta con i miei ricordi: la carne è più saporita, la pasta è più spessa. Preferisco i primi, alla piastra. Forse perché sono anche bellissimi: con le loro leggere bruciature sembrano parte della decorazione del piatto e quando li sollevo con le bacchette mi sembra di cancellare un disegno. Ogni ristorante ha le sue caratteristiche, i suoi punti di forza. E a volte questi sono proprio i piccoli piatti di contorno e antipasto: i gyoza, il riso fritto.

– Questo posto mi piace perché i ravioli vengono preparati ogni giorno – spiega Shinji – così come il *ramen*: non vengono utilizzati

noodles industriali come in molti ristoranti. E anche i *wonton* vengono preparati uno a uno, quotidianamente".
– E i wonton cosa sono?
– Vedrai.

 [4 – Il ramen perfetto, "per prima cosa guarda la scodella", pag. 69]

Abbiamo appena finito i due piatti di ravioli che arriva una ciotola di *ramen* fumante. C'è una cura estrema nella composizione, perfetta. Sembra l'essenza stessa del *ramen*. Certo, aiuta anche il brodo *shoyu*, terso e leggero, in stile cinese – *shina soba*, si chiama – molto semplice. Shinji-san mi spiega come leggere questa immagine, perché come molti piatti, in Giappone, il ramen va innanzitutto osservato: la carne è arrostita sul momento e messa solo alla fine per evitare che venga bollita.

I ravioli di carne che galleggiano sono invece i *wonton*. I *noodle* lisci galleggiano in un brodo terso e leggero. Qui però si ferma: "Il brodo deve spiegarlo il cuoco, non può farlo nessun altro". Mentre io assaggio il primo cucchiaio, semplice ma dal sapore definito e osservo stupito la perfetta rotondità di un *wonton* che stringo fra le bacchette, Shinji prende il telefono e chiama il fondatore del ristorante. Ci spiega che il *ramen* oggi è migliore che in passato: "Ho aperto 25 anni fa – spiega – e un tempo non c'era questa competizione fra ristoranti, questa attenzione alla qualità. Oggi usiamo ingredienti migliori". Ogni ristorante ha la sua pentola di brodo, o più pentole, che vanno tenute sempre alla stessa temperatura. Ed è anche per questo che chi fa *ramen* fa solo quello: "Come in altri ristoranti il brodo è un delicato equilibrio fra più componenti. Qui, alla base di salsa di soia vengono aggiunti brodo di carne, brodo vegetale e brodo di pesce. E per ottenere il giusto equilibrio – continua – le proporzioni vengono continuamente aggiustate. Il lavoro non ha mai fine anche perché il brodo di pesce va rifatto anche tre, quattro volte al giorno".

È questo il *ramen* perfetto? In questo momento lo è, come lo è ogni volta che mi viene servita una scodella fumante. È un *ramen* perfetto, ma non posso sapere come sarà fra un anno, o fra due. Sarà diverso da oggi, come sarò diverso io.

Kyoto

*Amavo i luoghi silenziosi di Kyoto, i luoghi che contenevano il mondo
intero in un attimo senza vento. Dentro i templi, la Natura tratteneva il
respiro. Tutto il desiderio veniva messo a riposo nell'immobilità e distillato
in una pura semplicità*
(Pico Iyer, Video night in Katmandu)

Cammino sotto la lunga tettoia di *Shijo*, simile ai portici della mia Bologna. Piove, fa freddo e io mi sento a casa. Ma non è per la copertura che ho sopra la testa. In fondo a questi due chilometri di strada che ho percorso ormai decine di volte, lontano, vedo un bagliore indistinto, ma familiare. È lo *Yasaka jinja*, il millenario santuario scintoista di *Gion*, il cuore di Kyoto dove si concentrano le *machiya*, le vecchie case dei mercanti. Mi sento un po' stupido a fare tutta questa strada col fuso orario che mi piega le gambe quando sarei potuto restarmene sul tatami dell'albergo a bere un tè verde, ma ormai è quasi un piccolo rituale per me, aspetto questo momento fin da quando sono salito sull'aereo. Qui vengo la prima notte tutte le volte che torno in questa città, per la quale provo una costante, intensa nostalgia che mi morde anche mentre sono qui, in questo momento che so non durerà. Vengo, mi rendo conto, per ringraziare la città di essere tornato e per chiederle di farmi tornare ancora una volta.

Cammino negli spazi del santuario, fra le centinaia di lanterne illuminate nel cuore della notte e come le altre volte non c'è nessuno a parte il guardiano. Forse è proprio questo che amo di Kyoto. Non importa quanta gente ci sia, puoi sempre ritrovarti da solo con lei in un momento perfetto. È questo, del resto, ciò che desidera l'innamorato.

 [5 – Kyoto, lo Yasaka jinja, pag. 70]

Kyoto seduce subito. Lo fa vestendosi da Giappone dei sogni, con i suoi quartieri antichi, le *machiya*, i canali, i duemila santuari e templi, con i giardini fra i quali ci si sposta in bicicletta, attraversando la città da un capo all'altro. Ma è una metropoli da un milione e mezzo di abitanti e ho imparato a conoscerla anche nei suoi lati meno piacevoli:

il traffico insopportabile, gli enormi stradoni sgraziati dietro alla stazione, la massa informe e senza fine di edifici grigi che si spande fra le colline, le case secolari schiacciate fra i palazzoni. E poi, ancora, la cerimonia del tè svenduta in dieci minuti, i souvenir di plastica, la calca nei luoghi più famosi, e infine quel ritrarsi improvviso che ti fa capire che non potrai mai essere davvero parte di tutto questo.

Kyoto può essere bellissima, ma impari ad amarla davvero solo se vai oltre questi due volti estremi, i più evidenti, quando ti inserisci negli spazi che si aprono una volta che rallenti, ti fermi e smetti di saltare da un tempio all'altro. È quando non sai cosa fare esattamente in un posto che il viaggio diventa più autentico. E così scopri che c'è altro. Ci sono momenti, più che luoghi: osservare un anziano che esce da un *sento*, un vecchio bagno pubblico, vedere un gruppo di donne in kimono che camminano a passi stretti e veloci lungo una via secondaria, imbattersi in un tempio nascosto fra le case e i negozi, rimanere in silenzio davanti a un giardino zen, fare una passeggiata solitaria lungo un canale e poi, se hai fortuna, osservare la neve che cade su di te e sui cedri mentre sei immerso nell'acqua bollente di un *rotenburo*, una vasca termale all'aperto.

 [6 – Donne in kimono per le strade di Kyoto, pag. 70]

Per i giapponesi la bellezza è ancor più preziosa quando è fragile. E anche quella di Kyoto appare in un difficile equilibrio, se si guarda alla sua storia. Tutto questo potrebbe non esserci. A differenza di Tokyo, non fu bombardata durante la guerra. Ma non venne risparmiata solo per la sua importanza culturale. Prima che nel luglio del 1945 il presidente Truman scrivesse "per il bene del mondo non possiamo sganciare la terribile bomba sulla vecchia capitale o la nuova", Kyoto era nella ristretta cerchia di città candidate a essere spazzate via dall'atomica perché non ospitava campi di prigionieri americani. In questa lista di morte c'erano anche Hiroshima, Nagasaki, Kokura, Niigata, Yokohama. Città che a lungo non furono toccate nemmeno dai bombardamenti ordinari. Perché si voleva capire la vera capacità distruttiva di quella nuova bomba che mai prima di quell'estate era stata lanciata su una città. Secondo una leggenda mai provata, Kyoto sarebbe stata salvata perché era amata dal ministro della guerra Henry Louis Stimson, che qui era stato più volte, anche in luna di miele. Non so se sarebbe una bella storia anche se fosse vera: Kyoto fu salvata, ma altre due città vennero ugualmente rase al suolo.

Ho ancora questi pensieri in testa la mattina successiva. È la quinta volta che vengo a Kyoto e non sono mai stato in questo angolo di Arashiyama, a ovest della città. Qui, ai margini della grande foresta di bambù si oltrepassa la quiete della casa del poeta Mukai Kyorai, dove si fermò anche Matsuo Basho, e si sale fino a un tempio buddista immerso nell'ombra che sembra tutt'uno con il giardino di muschio e gli alberi che lo abbracciano. Qui la natura è stata modellata dalle mani degli uomini in maniera così decisa, quasi violenta che sembra che nessuno la tocchi da millenni, immobile e cristallizzata. Il Gio-ji (si pronuncia Ghioji) sembra emergere da un passato ancestrale. Ed è così davvero, in un certo senso. L'edificio attuale è solo del 1895, ma la sua storia è millenaria. La leggenda è raccontata nella Storia di Heike, del quattordicesimo secolo. Gio era una danzatrice innamorata del capo del clan Heike, Taira no Kiyomori. Quando lui le preferì un'altra danzatrice, Hotoke Gozen, lei si ritirò nel tempio con la sorella e la madre. Poco dopo furono raggiunte proprio da Hotoke Gozen: sapeva che anche lei prima o poi sarebbe stata abbandonata. Cerco di capire se c'è una morale, ma non è detto che ci sia. Cammino fra i muschi e gli alberi e penso che, forse, Gio non se n'è mai andata da qui.

 [7 – Kyoto, un giardino zen, pag. 71]

Il flusso della vita è circolare, come quello di un fiume che nasce e termina in un grande oceano, dal quale tutto inizia e in cui tutto finisce. Noi siamo aggrappati a una barca fra i flutti che ci fanno traballare, a volte ci squassano, ma cerchiamo di continuare il nostro viaggio, fino a quando un giorno torneremo in quell'enorme mare a cui tutti apparteniamo. È la lettura dell'antico giardino zen del tempio Daisen-in, risalente al 1501, dove mi trovo ora per pura fortuna, dal momento che è aperto solo alcuni giorni a settimana, in modo completamente casuale. Forse non è con questa idea, spiegare l'esistenza umana, che secoli fa erano state disposte con precisione queste pietre e disegnati con cura i profili della ghiaia sottile che ogni giorno vengono curati e mantenuti dai monaci. A me, però, in questo preciso istante, sembra che tutta la verità al mondo sia contenuta nello spazio di questo giardino a nord di Kyoto. Mentre osservo i sassi che rappresentano le onde mi sento immerso in quest'acqua e trasportato da una corrente che lava via il dolore e i pensieri tristi che mi porto dietro in questi giorni. In questo istante tutto sembra giusto e inevitabile, la mia vita insignificante come una goccia nell'oceano. Ma in realtà mi sto sbagliando, questo giardino è un invito a essere più che mai vivi. A risvegliarmi dal torpore, mentre cammino assorto sul legno freddo del tempio, ci pensa la risata di Soen Ozeki, il gioviale abate ottantenne del Daisen-in. Il monaco è un divulgatore dello zen, di cui parla anche attraverso libri e poesie, allineati lungo gli scaffali, e il suo sorriso e la sua voce illuminano la penombra della stanza. Mi sorprende chiedendomi che lingua parlo e recitandomi i suoi versi in un italiano quasi perfetto. Poi torna alle sue carte, lasciandomi il dubbio di essermi immaginato tutto.

Io sono vivo!

Questa è la mia migliore occasione,
ogni giorno della vita è un allenamento,
un allenamento per me stesso,
anche se il fallimento è possibile,
vivendo ogni giorno ed ogni momento
con la stessa attitudine verso ogni cosa,
pronto per ogni evenienza.
Io sono vivo,
io sono questo momento,
il mio futuro è qui e ora,
per cui, se non posso provare oggi,
dove e quando lo farò?
(Soen Ozeki)

La stagione dei ciliegi

La notte di primavera è finita.
Sui ciliegi sorge l'alba
(Matsuo Basho)

Ancora Kyoto

A Kyoto mi sento a casa. Questa volta però, a inizio aprile, non la riconosco, mi ha sorpreso un'altra volta. Mi ha accolto come sempre con gentilezza e con un sorriso, quello di un tassista che mi indica orgoglioso i ciliegi in fiore e blocca il tassametro a mille yen – sette, otto euro – mentre cerca senza esito l'albergo nelle vie tutte uguali. In un'altra città sarebbe l'occasione per allungare il percorso, qui è fonte di imbarazzo. Ma io guardo oltre il vetro, dove c'è Kyoto che ci accoglie vestita di bianco e di rosa. E anche la via dei divertimenti, Kiyamachi, gaudente e alle volte un po' losca, stasera sembra indossare un abito da sposa. La notte è illuminata da una luce nuova. È una luminosità sospesa nell'aria e la città sembra brillare, anche nei suoi luoghi meno belli, che risplendono grazie a una fila di alberi, a lampi di colore. È una luce che ha qualcosa di misterioso e che mi fa dimenticare il gelo inaspettato di questa sera (siamo a cavallo degli zero gradi) e quanta gente c'è intorno, ovunque. Non ne ho mai vista così tanta a Kyoto e provo un misto di frustrazione e quasi gelosia, come se mi stesse tradendo. La gente riempie ogni strada, allargandosi come una lenta inondazione, occupando tutti gli spazi. Non è facile, in questi giorni, trovare quegli angoli o quei momenti di quiete, di assenza, che questa città è capace di regalare e in cui mi sento in equilibrio con tutto.

Certo, è bello mescolarsi alla folla, fra le miriadi di bancarelle che vendono cibo di ogni genere nel parco di Maruyama, attorno al grande *sakura* piangente di 200 anni, e poi sedersi a un costoso tavolino sotto i ciliegi e bere una birra, sentirsi parte di questo flusso, di questo chiasso che in fondo è l'*hanami*, parola che significa semplicemente "guardare i fiori", ma anche – e a questo pensano molti giapponesi quando sento questa parola – ritrovarsi, stare assieme con famiglia e amici, ridere, mangiare e soprattutto bere fra la fragile bellezza degli alberi. E godersi il momento, perché potrebbe essere anche l'ultima occasione della stagione: a volte basta un acquazzone violento per spezzare improvvisamente questo sogno di primavera.

Su suggerimento di un ragazzo italiano che vive e lavora a Kyoto ho preso la metropolitana per arrivare a Keage, ai margini del centro città, e cammino lungo una vecchia ferrovia abbandonata, orlata da entrambi i lati di ciliegi in fiore, come una lunga galleria di petali. Il posto è meraviglioso, ma pieno di gente che passeggia. Provo un moto di irritazione, penso che sarebbe bello venire all'alba, godermi il deserto e il silenzio. Forse un giorno lo farò. Ma capisco che io sono qui esattamente come queste persone e che faccio parte di questa moltitudine: mi devo lasciare trasportare, devo unirmi anch'io a questa folla meravigliata che cammina sotto i ciliegi con gli occhi per aria e le macchine fotografiche in mano. Ed è il momento in cui l'enigma si scioglie: non è solo il colore, una semplice scenografia, ma è questo stupore collettivo, questa sensazione condivisa di un attimo irripetibile, breve, fuggente, che ha cambiato la città al punto da renderla quasi irriconoscibile.

[8 – Kyoto, "Cammino lungo una vecchia ferrovia abbandonata, orlata da entrambi i lati di ciliegi in fiore, come una lunga galleria di petali", pag. 71]

Poi Kyoto sceglie di sorprendermi di nuovo. È una città grande, ma io mi intestardisco a spostarmi a piedi perché alla fine le distanze sono spesso di pochi chilometri e, se si ha tempo, camminare ed evitare le strade più larghe e fastidiose è piacevole e foriero di scoperte, anche quando si attraversano i quartieri che sembrano meno interessanti. Ho percorso queste vie anonime ormai tantissime volte. Forse è per questo che ho cominciato ad amare Kyoto così tanto: è in questi momenti di nulla apparente che la mia mente vaga libera, scompone e ricompone le immagini, i suoni, gli odori di cui è fatto il viaggio. Sono momenti di vuoto che fanno scattare una specie di molla nella mia testa e sbloccano il flusso dei pensieri. Arrivo a pensare, mentre metto un passo dopo l'altro, che bisognerebbe poter camminare almeno un'ora al giorno, dovrebbe essere un diritto di tutti: penseremmo meglio, riscopriremmo la capacità di immaginare, ne sono sicuro. Lo aveva forse scoperto anche il filosofo Nishida Kitaro che ha lasciato il nome alla splendida passeggiata che faceva ogni sera a *Higashiyama*, nella zona orientale di Kyoto, lungo il canale fra il padiglione d'argento, il *Ginkaku-ji* e il tempio *Nanzen-ji*: ora si chiama *Tetsugaku no michi*, il sentiero della Filosofia.

In questo modo ho finito per associare ad alcune strade sia il male ai piedi che i sogni ad occhi aperti in cui sono capace di perdermi. È vagando così che prendo la strada lungo il fiume Kamogawa e all'improvviso mi imbatto in una fila di festoni bianchi e rossi. Incoronano un giardino alberato che corre lungo l'acqua. Ci sono famiglie, giovani e anziani che siedono sotto gli alberi, lontano dalla folla. Stanno facendo un pic nic in semplicità sulle loro stuoie. Soffia il vento e finalmente ascolto il fruscìo dei rami dei ciliegi.

 [9 – Kyoto, "Mi imbatto in una fila di festoni bianchi e rossi", pag. 72]

Hiroshima

Lo *Shinkansen*, il treno ad alta velocità vanto delle ferrovie giapponesi, ci ha sparati lungo i binari, lontano dai quindici piani della gargantuesca stazione di Kyoto. Questa scatola di ferro aerodinamica, che quando arriva in stazione sembra sempre sul punto di staccarsi dai binari e trasformarsi in un robot gigante, annulla gli spazi, rende impercettibili le distanze. E ora che ne siamo scesi potremmo essere ancora in un sobborgo di Kyoto, se non fosse per il tram sferragliante che ho appena preso per attraversare questa nuova città. Anche il panorama è simile. Fra i ciliegi in fiore allineati lungo le sponde del fiume e i prati, dove famiglie e gruppi di giovani bevono e scherzano in questo giorno di primavera, c'è però un grande parallelepipedo grigio di vetro e cemento, striato d'azzurro: riflette il cielo. È sospeso a sei, sette metri d'altezza. So già quello che contiene, perché è la terza volta che vengo qui e non riesco a smettere di guardarlo. Sembra assurdo, ma quelle sottili pareti, quei pochi metri di sospensione sopra ai piloni, separano la festa dell'*hanami* nel parco della Pace di Hiroshima da una memoria spaventosa, di folle distruzione. Questi muri sigillano quella memoria e la nascondono perché come un buco nero non trascini tutto a sé, non diventi il centro simbolico della città: sono rare a Hiroshima le tracce rimaste di quel terribile 6 agosto 1945, il giorno dell'esplosione nucleare. E vanno cercate.

C'è un grosso edificio dall'aspetto europeo, che sembra più vecchio di tutti gli altri, solido, imponente nei suoi tre piani. C'è solo una piccola targa alla sua base a spiegare che è uno dei pochi palazzi che rimase in piedi quella mattina, anche se al suo interno persero la vita 42 persone. Era la sede della Banca del Giappone e dal 1993 è stato donato alla città. Al suo interno ospita una piccola esposizione sull'atomica, ma non è indicato e non è su alcuna guida. Quasi che la città volesse dimenticare, cancellare queste cicatrici. Io le sto cercando.

Cammino nella zona vicino al parco, voglio ritrovare il punto esatto sopra al quale bruciò quel piccolo sole di morte. Mi sposto fra i palazzi, ma non lo trovo. Sono tutti uguali, anonimi, non ho punti di riferimento. Due anni fa avevo visto un cartello improvvisato, un foglio infilato in una busta di plastica e appeso a un albero con una mappa, ma è sparito. Poi alla fine riconosco un particolare e mi rendo conto di essere arrivato. È tutto ancora più modesto, dimesso di quanto ricordassi: c'è una lapide che indica l'ipocentro davanti a un'orribile palazzina ricoperta di piastrelle, impossibile sbagliarsi, la troverei fra mille. In passato l'avevo osservata a lungo, cercando di capire come fosse possibile che un edificio così brutto si trovasse in un luogo così importante, uno spartiacque nella storia dell'uomo. Anche oggi provo a immaginare quella sfera fiammeggiante cento metri sopra di me, il lampo accecante e silenzioso che descrissero i testimoni, il calore, poi più nulla, il deserto a perdita d'occhio, il fumo, i corpi. Ma fra le auto e i passanti non ce la faccio. E quella palazzina continua a distrarmi.

C'è però ancora una cosa che voglio trovare e la ritrovo. In una via vicina, in un angolo nascosto, quasi con pudore, c'è una placca metallica che racconta la storia di un sopravvissuto. Qui c'è una statua di pietra di Jizo-son, protettore dei bambini e dei viaggiatori. Qualcuno se ne prende cura regolarmente, ha un vestito di lana rossa nuovo che rende ancor più evidente un alone nero alla base. È il ricordo di quel calore terribile del 1945. In città non c'è praticamente altro. Tutto il resto è nel parco, dentro i muri sottili di questo parallelepipedo che concentrano e conservano la memoria, come in un cassetto. Ma è un cassetto ben esposto, messo al centro della stanza: nascondendo la memoria, la mostra. Tutti sanno cosa contiene quella scatola grigia disegnata da un famoso architetto, Kenzo Tange. È il museo memoriale della Pace.

 [10 – Hiroshima, la statua di Jizoson, pag. 72]

Il biglietto è simbolico, solo 50 yen (meno di 40 centesimi), e se si ha fortuna si può trovare una guida volontaria gratuita. Nel museo, nato nel 1955, si entra in silenzio, come in un luogo sacro. E si scende in una spirale di orrore, raccontata in modo incredibilmente onesto. Non è frequente in luoghi di questo tipo. Viene mostrato il crescente militarismo del Giappone, l'inizio di una strada senza uscita che portò il Paese a entrare in guerra e infine gli effetti della bomba atomica che venne lanciata dagli Stati Uniti su Hiroshima e tre giorni dopo su Nagasaki. Scorrono immagini uscite da un incubo, incongrue, distorte, che non sembrano di questa terra. Ci sono oggetti di uso quotidiano irriconoscibili: bottiglie contorte, tazze da tè fuse in un unico irreale grumo dal calore. E poi il gradino in pietra di una banca sul quale si intuisce un'ombra: l'unico ricordo lasciato da un uomo incenerito in un istante. Poco più avanti vengono mostrati gli effetti sui corpi delle vittime: ci sono divise scolastiche bruciate, le foto delle orribili ferite sui corpi, i disegni di un kimono rimasti impressi sulla pelle di una donna. E poi ci sono i capelli perduti da Sadako Sasaki, la bambina delle gru di carta: voleva farne mille, sperando che il suo desiderio di vita fosse esaudito. Ci provò fino all'ultimo giorno, piegando la poca carta che era disponibile in quei giorni, con le mani sempre più deboli. Morì per gli effetti delle radiazioni. Ancora oggi scuole di tutto il mondo mandano in dono una gru di carta a Hiroshima come segno e augurio di pace. In fila su un muro ci sono anche le riproduzioni delle lettere di protesta che il sindaco di Hiroshima ha scritto ai capi degli Stati che conducono test nucleari. Lettere dal tono sorprendentemente duro visti i loro destinatari: presidenti degli Stati Uniti, della Francia, dell'Unione Sovietica... Alcune di queste sono recentissime, a testimoniare che il pericolo non è memoria di un passato remoto. Ma nessuna tragedia appare davvero reale se non viene incarnata nella voce di una persona, in una testimonianza viva. Al termine della visita ci sono televisori, cuffie e alcuni divanetti dove pochi si fermano. Mi siedo e ascolto le memorie dei sopravvissuti, gli *hibakusha*, letteralmente "persone affette dall'esplosione". Sono uomini e donne che hanno vissuto una vita difficilissima, vittime anche, sembra incredibile a raccontarlo, di diffidenza e pregiudizi per la loro condizione, quasi che le radiazioni fossero contagiose.

Esco dal museo e mi ritrovo nel parco con i ciliegi, che in aprile illuminano questo cuore verde della città, e gli oleandri, simbolo della rinascita: furono i primi alberi a rinascere, poche settimane dopo l'esplosione. Fra i fiori, gli alberi e le persone a passeggio ci sono la fiamma eterna e il profilo tetro del *Genbaku dome*, la cupola dell'esplosione atomica, unico edificio rimasto uguale, sventrato, esattamente come 69 anni fa.

 [11 – Hiroshima, il Genbaku dome, pag. 73]

Dopo quello che ho visto ho il cuore congelato, ma in questo parco pieno di gente e di fiori non riesco a provare tristezza. Guardo le famiglie sedute a gambe incrociate sulle stuoie, le ragazze in posa con i fiori dei *sakura*. Guardo la gente incolonnata in una lunga fila per una carissima spremuta d'arancia preparata sul momento (1000 yen, quasi 8 euro), da queste parti una rarità che scatena un entusiasmo simile a quello dei bambini di fronte allo zucchero filato. Ci fermiamo proprio al caffè dove servono le spremute, troviamo un tavolino vicino all'acqua e il cameriere ci porta un piatto di ostriche fritte, *kaki furai*, la specialità popolare di questa città che ama ridere, bere e mangiare. E penso che solo una settantina di anni fa qui c'era un deserto di cenere, macerie e pozze di acqua nera e radioattiva. La vita è più forte. Non posso non sorridere.

 [12 – Hiroshima, il parco della pace, pag. 73]

I margini

Ishigaki (Okinawa)

"Come siete finiti qua? È un'isola sperduta". A Ishigaki la domanda ritorna continuamente. Ma è proprio questo che mi ha portato fin qui, nell'arcipelago Yaeyama, a 200 chilometri da Taiwan, estremo lembo meridionale del Giappone. Questa è la periferia di Okinawa, che è già ai margini del Paese. A guidarmi, in effetti, è proprio la voglia di arrivare ai bordi delle cartine, di "smentire" e completare i brevi paragrafi dedicati nelle guide ai posti fuori dalle strade più battute. Sentirmi un punto nel nulla mi dà le vertigini. Non riesco a descrivere in altro modo quel brivido di emozione irragionevole, lo stesso che provavo da piccolo tirandomi la coperta sopra la testa e immaginandomi in una tenda al Polo Sud. E viaggiando inseguo continuamente questo sogno di bambino. "Okinawa non è Giappone" è l'altra frase che amici e conoscenti mi avevano ripetuto: era anche questo che mi affascinava, vedere un volto completamente diverso di questo Paese, spesso appiattito sotto il peso degli stereotipi. In effetti queste isole tropicali sono rimaste indipendenti per oltre 400 anni, fino alle soglie del '900, come regno di *Ryukyu* e la loro cultura – scrivono le guide – è profondamente influenzata dalla vicina Cina.

Io e Letizia siamo arrivati dall'aeroporto del Kansai su un volo della low cost Peach, appena 60 euro per il posto in classe economica più stretto in cui mi sia mai seduto. È aprile, siamo in bassa stagione. E che non sia il solito Giappone ce ne accorgiamo appena arrivati: finiamo in una deliziosa casetta in legno, scricchiolante e incasinata, gestita da un capellone con la maglietta di un gruppo punk, i Nofx, che mi ispira subito simpatia. Ci sono formiche sul tatami, disordine, ma sembra non curarsene. Nell'aria domina la lentezza e tutto appare imperfetto, provvisorio. Questa è un'isola di surfer, hippie, marinai, famiglie in fuga dalla città e pensionati americani in cerca di un posto al sole. Gente che a Osaka e Tokyo si sente un pesce fuor d'acqua e che cerca uno scoglio nell'oceano dove sparire. Ha tutta l'aria di essere stato, in passato, un porto per pirati, contrabbandieri, esiliati.

"Noi ci siamo appena trasferiti da Osaka" – ci racconta in inglese una donna, mentre siamo seduti ai tavolini di un caffè in stile italiano. È qui con la famiglia, il marito, i bambini e un'amica che è venuta a trovarla. Ci fa capire che sono scappati dalla grande città anche se non scende nei dettagli: "Ci sono altre persone che fanno questa scelta, qui è tutto molto diverso, ma si sta bene, ci stiamo adattando". Lei ci osserva con curiosità e prova a far dire "ciao" a uno dei bambini che ha la maglietta dell'Inter. Io cerco di essere disinvolto, ma sono in grave imbarazzo perché ho davanti a me un incongruo piatto di spaghetti al pesto, ordinato per disperazione perché in questa zona non c'era quasi nient'altro. Sono schiacciato sullo stereotipo dell'italiano con una sindrome da deprivazione di pasta. Vorrei fermarla, gettare la forchetta e gridare in giapponese: "Non è come sembra: in realtà sono mezzo inglese, ho un nonno irlandese, sono affamato e non c'era altro, so usare le bacchette e avrei pagato il doppio per una scodella di *soba!*". Ma resto in silenzio e cerco di addentare qualche forchettata con nonchalance. Sorprendentemente gli spaghetti sono pure al dente. È il pesto che è fatto con chissà cosa: questo singolare composto sembra a prima vista invitante, ma ha un sapore misterioso. Non è cattivo, è che è un'altra cosa, come assaggiare una mela e scoprire che sa di pomodoro. Forse è l'anello mancante fra i piatti di plastica di *kappabashi* e l'originale, penso.

Però, nonostante un certo clima da frontiera che richiama ribelli e fuggitivi, la prima impressione di Ishigaki è deprimente: la città principale ha preso il peggio dal Giappone continentale. Mi sembra brutta, sgraziata e per di più logora e schiacciata sotto il peso dell'atmosfera triste da bassa stagione. In realtà non è così, ma ora vedo solo pensioni vuote, saracinesche abbassate, manifesti sbiaditi che pubblicizzano eventi di un anno prima. E credo che Letizia stia pensando la stessa cosa. I porti moderni, poi, con i loro stradoni di cemento, larghe aree vuote, lunghi moli spogli che si perdono nel nulla, enormi navi arrugginite ormeggiate e il lento ritmo dei traghetti che vanno e vengono sembrano in lento, costante, inesorabile disfacimento e gettano una cappa di angosciosa tristezza su tutto quanto è loro vicino. E Ishigaki non fa eccezione.

Come se non bastasse i bus su cui facevamo affidamento per girare l'isola si rivelano rari e lenti, inutilizzabili. Non abbiamo una patente internazionale e quando proviamo a chiedere informazioni all'auto-noleggio la commessa incrocia all'improvviso le braccia a ics davanti al volto come in una stramba mossa di arti marziali, quasi fosse pronta a stenderci da un momento all'altro. Ho imparato a conoscere questo gesto esagerato che, appena voltate le spalle, commento sempre con una risata: significa, eloquentemente, che non c'è alcuna speranza.

E non è finita. L'unica spiaggia vicina alla città ha un mare splendi-do, ma è sovrastata da un enorme, orribile albergo, una specie di pira-mide bianca, grande come l'originale di Cheope e atterrata qui a bordo della spiaggia. Un po' intimoriti dal colosso alle nostre spalle, osservia-mo sconcertati i giovani del posto che fanno il bagno completamente vestiti nell'acqua fredda e cristallina. È l'usanza locale, ma ai nostri occhi appare assurda. Nei nostri costumi da bagno ci sentiamo nudi.

E poi la sera, mentre sulla città si accumulano pesanti nubi gri-gie che sembrano quasi soffocarla, non c'è traccia di vita. Le pessime previsioni del tempo ci gettano nello sconforto entrambi. Veniamo travolti da quell'ondata di malinconia che investe il viaggiatore e lo porta a mettere in dubbio il suo percorso, le sue motivazioni. Stanco, esausto, a volte si sente nel posto sbagliato, respinto, fuori posto e si chiede "Cosa sono venuto a fare qui?". Le risposte sono infinite, ma in quel momento non le trova e tutto sembra segnato, condannato al fallimento.

Il fatto che questa volta siamo in due mi fa sentire in una certa misura responsabile, a torto o a ragione. Quando viaggi da solo puoi prendertela soltanto con te stesso e finisci per accettare tutto, anche le situazioni più dure e inaspettate, anche i disagi, le delusioni e la sof-ferenza. Ma in due è diverso e sto vedendo tutto nero. Nella notte cominciamo a guardare i voli per tornare indietro in anticipo. Per for-tuna costano troppo e siamo costretti a restare.

E così Ishigaki alla fine mi insegna una cosa: basta una cena per cambiare la prospettiva sulle cose e sul mondo. È il potere del suono della risata che proviene da un tavolo vicino, della scoperta di nuovi sapori, di un bicchiere di birra fresca. Da Paikaji, affollata izakaya ac-canto al mercato coperto, ci chiedono subito con espressione vaga-mente allarmata se parliamo giapponese: non c'è menù in inglese. Non so cosa sarebbe successo se non avessi risposto di sì. Il turista spes-so se la può cavare con un inglese base o, se ama il rischio, con semplici espressioni come *"o susume onegai shimasu"* che invitano il cuoco a servire la sua specialità o il piatto migliore della casa. Può essere anche *sashimi* di cervello, ma in genere funziona.

 [13 – Ishigaki, il menù, pag. 74]

In alcuni posti, però, l'incapacità di comunicare, forse unita a esperienze negative, sembra gettare nel panico i giapponesi e a provocare rigide chiusure. Mi immagino i camerieri che gettano i piatti e scappano urlando di fronte all'anglofono, come se fosse un mostro alieno, e sorrido. Per fortuna non ce ne dobbiamo preoccupare. Mi dimentico del motto confuciano popolare a Okinawa *"Hara hachi bu"*, più o meno "mangia fino a che non sei pieno per otto parti su dieci", e comincio a ordinare tutto quello che ci propone il cameriere e che riesco a leggere sul menù nipponico. Forse destiamo scandalo con la nostra fame continentale, ma vogliamo provare tutto e subito: birra Orion locale e poi *rafute*, grossi cubi di pancetta cotti in *awamori* (il sakè locale) e zucchero, *ikasumi chahan* riso fritto al nero di seppia, *goya chanpuru,* vale a dire tofu, uovo, carne di maiale e goya (sorta di cetriolo amaro tipico dell'isola), il tutto fritto in padella, e poi *buta no mimi*, orecchie di maiale e per concludere tofu fritto all'aglio. Alla fine siamo pieni dodici parti su dieci, forse abbiamo oltraggiato tutti con la nostra voracità e, vista la quantità di aglio, siamo completamente inadatti a qualsiasi vita sociale. Non ce ne importa però mentre passeggiamo nelle strade deserte del mercato. La nostra notte finisce qui, ma la mattina che ci aspetta ora sembra molto più luminosa.

Taketomi

La barca è proiettata a velocità pazzesca fra le onde. Siamo partiti dal porto di Ishigaki come un siluro che deve affondare la minuscola isola di Taketomi, proprio di fronte. Non c'è alcun desiderio di distruzione, in realtà, ma non capisco tutta questa fretta. Forse i marinai vogliono imitare lo *Shinkansen*, il treno proiettile, per dare l'idea che le isole non sono inferiori a Tokyo. Forse, invece, la velocità è necessaria per attraversare un varco spaziale come in un episodio di Star Trek, perché questo scoglio corallino di tre chilometri di diametro di fronte a

Taiwan è come un piccolo pianeta a sé. Mancano gli uomini con le orecchie a punta che incontrava il capitano Kirk, ma non riconosco nulla: è un mondo alieno.

Qui c'è un'unica strada asfaltata che gira intorno all'isola, incorniciata da spiagge. All'interno solo strade bianche che corrono fra campi, pascoli, orti e casette in stile tradizionale, delimitate da muri in pietra a secco. Dai giardini si riversano in strada fiori, palme, banani e altre piante tropicali. Enormi bufali sonnecchiano all'ombra in un cortile. Sono i colori a riempire gli occhi: il fucsia e il giallo dei petali, il bianco accecante delle strade, i tetti arancioni e rossastri, schiariti da luce e piogge che a queste latitudini vengono dispensate con generosità, fino a diventare un flagello. E poi ci sono le mille sfumature del rigoglioso verde tropicale, un arcobaleno monocolore, illuminato da un sole abbagliante. Tutto brilla. E mi sento osservato. In mezzo alla vegetazione, sui muretti, sui tetti spuntano gli occhi spiritati e le strane espressioni degli *shiisa,* i guardiani in terracotta delle case di Okinawa che sembrano fissarci e abbaiare silenziosi e un po' beffardi a questi stranieri pallidi, sudati e disorientati. Gli shiisa sono un incrocio fra un leone e un cane e spesso sono in coppia: uno con la bocca aperta, per scacciare gli spiriti cattivi, e uno con la bocca chiusa (la femmina, secondo alcuni) per trattenere gli spiriti buoni. Non c'è nient'altro: l'unico rumore è quello delle ruote dei carretti trainati da bufali che trasportano i gruppetti di turisti in giro per il paese.

Qui abitano trecento persone, ci sono una scuola, un centro medico, forse ci si potrebbe anche abitare, penso mentre immagino come potrebbe essere la mia vita in questo posto. L'architettura ha poco a che fare con il Giappone che conosco, è una cultura di frontiera, liminare. Nella nostra minshuku, una pensione a conduzione familiare, sentiamo rivolgere la più scontata delle domande a un locale, quella che gli italiani fanno in Alto Adige.

– Come vi sentite, più giapponesi o cinesi?

– Noi siamo prima Ryukyu, poi giapponesi e infine cinesi. Al centro del villaggio c'è una piccola torre in cemento. Salendo gli angusti, ripidi gradini si scopre l'isola dall'alto: sembra come un tappeto verde punteggiato di tetti rossi. Poco distante, finisce tutto con un orlo azzurro che spunta fra gli alberi e il cielo: è il mare. Taketomi è tutta qui, la posso abbracciare completamente col mio sguardo. E poco importa se il panorama non è poi così antico perché gran parte delle case hanno al massimo cent'anni. Qui il tempo non ha più importanza.

 [14 – Taketomi, "Un tappeto verde punteggiato di tetti rossi", pag. 74]

La sera i turisti se ne vanno quasi tutti con l'ultimo traghetto e l'isola resta completamente silenziosa, sonnolenta. Non ci sono nemmeno i carretti a quest'ora, solo qualche bici. Cala il buio e si accendono le stelle. È aprile, è ancora bassa stagione, e c'è solo un'*izakaya* in mezzo all'isola dove si ritrovano tutti, l'unico punto luminoso nell'oscurità. Seduto ai tavoli c'è chi vive e lavora qui e chi arriva da lontano: ci sono giapponesi, americani, italiani. Questo punto sperduto nel Pacifico stasera sembra l'ombelico del mondo. Si parla, si beve, si mangia, ci si confessa con gli amici di una sera soltanto come non si farebbe mai con gli amici di una vita: i segreti perdono valore. C'è un ragazzo giapponese, Keisuke, che viaggiando cerca di scrollarsi di dosso la timidezza che lo congela quando deve rivolgere la parola a una ragazza, ma stasera ha infilato degli scaldamuscoli rosa sotto i bermuda dei quali ridiamo e che gli precluderanno comunque qualsiasi chance. Daniel, un insegnante e scrittore americano cerca invece un posto dove fuggire da Osaka e trascorrere gli anni della pensione. Sta girando un po' alla volta tutte le isole di Okinawa e non ha ancora trovato quello che cerca. "Taketomi è un gioiello, ma troppo isolata", dice. Eppure quando ne parla, nonostante faccia lo sbruffone, tradisce un po' di emozione e immagino che in fondo ci stia pensando. Racconta degli avvertimenti ricevuti dalla gente del posto sulla presenza di spiriti nella vicina, selvaggia, isola di Iriomote, ricoperta da giungla e paludi. "Abiteresti in un'isola infestata dai fantasmi?", chiede.

L'awamori, il forte sakè locale, addolcito dal ghiaccio scorre velocemente e va giù assieme alle parole e a orecchie di maiale e gyoza, ravioli al vapore. Complice l'alcol che abbatte le inibizioni, Daniel si fa portare una bottiglia di habushu. Dice che costa almeno 20.000 yen, 170 euro, ma se l'è fatta portare solo per potere guardare e mostrarci questo distillato giallognolo nel quale riposa un serpente, non è intenzionato ad aprila. Facciamo delle foto con bottiglia, alcol e il povero rettile sotto lo sguardo inquieto della cameriera che si rilassa solo quando le restituiamo pieno e intatto il prezioso contenitore di vetro. Io continuo a bere: pagherò assai duramente l'alcol il giorno successivo. Ma ora non ci penso. Mentre torniamo nel buio verso il nostro tatami penso invece che sono in mezzo all'oceano e che sopra di me c'è un'immensa volta di stelle. Alzo gli occhi per controllare che non sia il solito sogno, ma tutto è ancora lì. Per un momento è come se mi vedessi dall'alto mentre mi allontano ad alta velocità dalla terra, la flebile luce delle nostre torce elettriche è l'unica cosa che si distingue, sempre più piccola. Ora non desidero altro che essere un piccolo punto nell'Oceano Pacifico.

Shirakawa-go

Qui è tutto finto, in un certo senso. E allo stesso tempo è tutto incredibilmente vero. Vero come le antiche, grandi case di contadini *gassho zukuri* che popolano questa valle, stretta fra le montagne che dividono Takayama da Kanazawa. Il loro nome in giapponese significa pressappoco "case costruite come le mani giunte in preghiera" ed è facile capire perché, guardando la loro forma triangolare, fatta per resistere alle grandi nevicate di questa zona. Anche ora tutta la vallata è ricoperta di bianco. Alcune di queste case hanno 250 anni e punteggiano lo spazio fra i fianchi dei monti come in un paesaggio di fiaba, sembrano galleggiare in questa distesa di latte. Ma l'apparenza idilliaca nasconde parte della storia: queste case hanno ospitato generazioni di contadini che conducevano una vita durissima e dormivano stipati a decine in enormi camerate, esposti a un clima severo. E il panorama non era davvero come quello di oggi. Ogimachi, il villaggio più famoso dell'area di Shirakawa-go è un museo a cielo aperto e ha una storia molto recente: è qui che sono state trasportate e ricostruite pezzo dopo pezzo le vecchie case che cadevano in rovina, disseminate nelle valli, abbandonate dai contadini e dai loro figli che nel dopoguerra si spostavano nelle città. In Giappone lo spopolamento delle campagne e dei piccoli paesi è avvenuto in modo brusco, repentino, totale: oggi ben il 78 per cento dei giapponesi vive in grandi città, è una delle percentuali più alte al mondo. Le città in Giappone sono grandi, enormi isole urbanizzate e densamente popolate, separate da grandi spazi in cui non c'è quasi presenza umana. Ci sono foreste e campagne quasi disabitate, dove si trovano ormai solo anziani che a volte vivono in modo non troppo diverso da quarant'anni fa. Se non si fosse fatto questo gigantesco lavoro di salvataggio si sarebbe persa per sempre un'intera cultura rurale e forse altro, anche la memoria. Queste gassho zukuri sono molto più di un insieme di pezzi di legno. E forse qualcuno se n'è accorto: dal 1995 Shirakawa-go e la vicina area di Gokayama sono patrimonio mondiale dell'umanità Unesco.

 [15 – Shirakawa-go, "Osservo una vecchia foto in bianco e nero", pag. 75]

Osservo una vecchia foto in bianco e nero affissa a un muro, senza data: ritrae una famiglia. Ci sono un uomo con un cavallo, un bambino, una ragazza che sorregge una bandiera giapponese – forse era tempo di guerra – e una donna anziana con un gatto in braccio, come se fosse un neonato. Sembrano tutti rigidi, con quella formalità che avevano un tempo le rare fotografie di famiglia, come quelle di mia madre, dei miei nonni. Sono fieri, ma sciupati dalla vita nei campi, hanno un'aria stanca. Però mi fisso su un particolare, mi sorprende quel gesto di composta tenerezza per il felino da parte di quella donna, come se fosse l'unica cosa morbida di una vita fatta solo di spigoli e asperità. Ne cerco gli echi in questa casa che fa parte del museo e racconta la vita di un tempo, regolata dalle stagioni, dal lavoro nei campi, dall'allevamento dei bachi da seta, dalla necessità di ripararsi e scaldarsi, pigiati in sessanta in questa casa enorme.

Altre case sono diventate *minshuku*, pensioni a conduzione familiare. Spesso gestite proprio dai discendenti delle stesse famiglie che le avevano abitate un tempo e che hanno compiuto il percorso inverso, tornando sui monti. Il gestore della casa dove dormiremo parla solo giapponese e non capisco tutto quello che dice, ma ne colgo il senso. Dopo una splendida cena sta narrando la storia della sua casa agli ospiti seduti intorno all'irori, il braciere al centro della stanza di legno scuro. C'è solo la luce di una tenue lampada a olio. L'unica concessione alla modernità è un televisore che accende pochi minuti solo per mostrarci fotogrammi di questo racconto: le immagini che scorrono mostrano decine di volontari, un intero paese, che lavorano con determinazione per rifare il tetto della vecchia *gassho zukuri*. Poi festeggiano tutti assieme con un grande pranzo. Le case sono come grandi madri che legano a sé tutte queste persone, sono una parte della loro identità, forse una parte di loro.

 [16 – Le case 'gassho zukuri' di Shirakawa-go, pag. 75]

Appoggio la testa sul mio comodo futon in una delle grandi stanze ricavate per i turisti. La casa è ormai immersa nel silenzio e nel buio. Forse sono anche i trenta centimetri di neve che ci sono fuori a isolarci, a rendere questa antica *gassho zukuri* un mondo a sé. Ma il silenzio non è assoluto. Se faccio attenzione mi sembra di riuscire a sentire un rumore, un bisbiglio, come una vibrazione che risale il legno di questa stanza. Forse è il suono che facevano le decine e decine di persone che dormivano qui, forse queste pareti stanno cercando di dirmi qualcosa. Penso alla vecchia casa nella quale è cresciuta mia madre, nelle campagne vicino a Bologna. Una terra piatta e ostile che quando ero piccolo mi sembrava infinita. Ora è stata erosa da schiere di palazzine e so di poterci arrivare in auto in pochi minuti, ma nella memoria mi sembra sempre lontanissima, inviolata ed enorme, come se fosse in un'altra dimensione. Forse è la stessa dalla quale viene questa eco distante.

Lo Shiretoko

Osservo con scetticismo la campanella che mi ha messo in mano il commesso di questo negozio di trekking in una zona decentrata di Sapporo. Gli chiedo se è certo che funzionerà. Si irrigidisce, come se scattasse sull'attenti davanti a un colonnello invisibile e mi risponde: "Sicuramente sì". Il suono provocato da questo freddo pezzo di metallo una volta che sarà attaccato allo zaino è tutto ciò che dovrebbe proteggermi dagli orsi. Sono diretto nello Shiretoko, la penisola all'estremo nord est dell'isola dell'Hokkaido, la più settentrionale del Giappone. È un luogo di natura incontaminata: 65 chilometri protesi nel mare di Ohotsk e fatti di foreste, vulcani, montagne, sorgenti e cascate di acqua bollente. È uno di quei posti, disseminati per tutto il Giappone, in cui il cuore infuocato della terra esce allo scoperto. Però è anche il posto più a sud nel quale d'inverno sul mare arriva il ghiaccio galleggiante. Nei mesi freddi il vento siberiano porta qui metri e metri di neve, anche se siamo alla stessa latitudine di Bologna.

Il parco nazionale dello Shiretoko è uno dei luoghi al mondo con la più alta densità di orsi: zero virgola quattro al chilometro quadrato, per la precisione. Nel parco Yosemite, negli Stati Uniti ce n'è soltanto uno ogni nove miglia quadrate. Io voglio camminare lungo la spina dorsale della penisola, vedere il mare dall'alto, dormire sui monti. Ma la presenza degli orsi mi inquieta, mette in dubbio le mie certezze di camminatore solitario. Forse è solo la paranoia giapponese per tutto ciò che non si può controllare ad avermi contagiato: per fare il sentiero che ho in mente ho addirittura dovuto chiedere un'autorizzazione che non so leggere e che porto ripiegata con cura fra i documenti.

In effetti l'orso bruno dell'Amur che popola queste valli in piedi può essere alto fino a due metri e mezzo e se sorpreso con i piccoli può diventare aggressivo: è la sua natura. In Hokkaido è viva la memoria di quanto accadde nel 1915, nell'incidente di Rokusensawa: un orso si svegliò improvvisamente dal letargo, affamato, e per giorni attaccò un villaggio massacrando e trascinando nella foresta diverse persone. I racconti forse sono esagerati, ma la ricostruzione di quanto accaduto finì per indicare come causa, inevitabilmente, lo stesso uomo. Forse gli orsi avevano imparato a considerarlo una minaccia, dal momento che nei secoli precedenti erano sia venerati che cacciati per la carne e le pelli dagli ainu, il popolo che abitava l'isola prima dell'arrivo dei giapponesi. Ma la verità è che la deforestazione e l'avanzata delle case aveva tolto spazio e fonti di sostentamento agli orsi che per questo avevano modificato il loro comportamento, diventando aggressivi. L'uomo avrà imparato? Sono scettico, ma questo non dovrebbe accadere nel parco, mi ripeto. Ugualmente, però, continua a insinuarsi nella mia mente una paura ingiustificata che non riesco a capire né a controllare. Quando mi immagino sul sentiero spunta sempre un fruscio fra gli arbusti, un ruglio minaccioso. Mi figuro a dar forza alla campanella con una solitaria canzone stonata per allontanare gli animali. Anche la mia insegnante di giapponese ci si era messa quando le avevo detto che sarei andato in Hokkaido e aveva colto l'occasione per farmi ripassare il periodo ipotetico: "Se vedrai un orso, cosa farai?"

–*Hashirimasu*, correrò, avevo risposto.

Sono avvolto dal buio, ma sento le vibrazioni della strada, la sensazione di movimento. Esco ed entro dal dormiveglia. Ho preso a Sapporo un bus notturno per fare questo percorso di otto ore: le tendine abbassate e i grandi spazi fra un sedile e l'altro ti fanno viaggiare in una specie di limbo liquido. Ne emergo all'improvviso fra flutti di luce: mi sono svegliato di colpo mentre stiamo già arrivando alla stazione dei bus di Utoro, alle porte dello Shiretoko. Guardo fuori dal finestrino e il panorama mi sembra purtroppo familiare. Siamo ai margini del Paese, a 1.500 chilometri da Tokyo, sulla soglia di una zona selvaggia e incontaminata, ma i giapponesi non hanno perso la loro mania per le brutte costruzioni moderne. Sembra di essere in un grande autogrill stretto fra mare e foresta, in un anonimo sobborgo lungo la via Emilia.

Ma ho altro di cui preoccuparmi: il mio zaino è enorme e pesantissimo e a fatica riesco a estrarlo dal bus sotto lo sguardo costernato degli altri passeggeri. Con me ho la tenda, il fornelletto, i bastoni da trekking, il sacco a pelo, il materassino, il gps, gli scarponi. Ne ho davvero bisogno? Mi torna in mente Yoshi, un giapponese che avevo incontrato in Turchia dieci anni fa. Tutto il suo bagaglio era in un marsupio: un cambio, un kit per lavarsi i denti, i documenti. Era lui il Pelè dei viaggiatori leggeri, penso mentre mi trascino lungo la striscia d'asfalto fra le brutte case di Utoro. Mi presento così, grondante sudore e con le spalle tagliate dallo zaino nella piccola *minshuku dei signori Ishikawa.*

I due gestori mi accolgono con un sorriso, mi trattano con premura, come se fossi un figlio, divertiti più che preoccupati dall'inusuale presenza di uno straniero da queste parti. Ne arrivano pochissimi e i più vanno all'ostello, mentre a preferire la *minshuku* sono soprattutto i giapponesi, come l'allegra compagnia di una decina di quarantenni e cinquantenni, uomini e donne – forse colleghi di lavoro – che passa le giornate in *yukata,* la vestaglia da bagno che si indossa negli alberghi tradizionali, trascinandosi fra alcune stanze con la porta sempre aperta. Ne esce il rumore delle lattine di birra che vengono aperte una dopo l'altra e risate fragorose. Sbircio dall'uscio e li vedo a gambe incrociate sul tatami, mentre brindano ondeggiando. A cena uno di loro, fra un aneddoto e l'altro, mi mostra come mangiare il cervello e le interiora del grande granchio che mi è stato servito, mescolandole con un goccio di sakè. La mia mente è però proiettata sull'immagine davanti a me. È una grande, bellissima foto aerea della penisola, con i monti che affronterò da solo per quattro giorni. Il mio occhio si perde nelle sagome primordiali dei vulcani scuri, delle montagne ricoperte di boschi. Seguo con gli occhi questi profili quando improvvisamente prendono la forma della schiena seghettata di un demone addormentato, con la testa mostruosa sprofondata nel terreno. Provo un brivido.

La mattina mi sveglio all'alba con addosso una strana ansia. Il signor Ishikawa ha promesso di portarmi all'imbocco del sentiero in auto, ma provo quasi una sensazione di sollievo quando mi affaccio alla finestra e scopro che piove e che le cime delle montagne sono avvolte in una fitta coltre di nubi scure e pesanti. Oggi non potrò partire, mi dico. La pioggia comincia a scemare così ripiego su una gita in barca per vedere gli orsi. Qui si fa in questo modo, si costeggia la penisola per avvistare gli animali che pescano o si abbeverano lungo i corsi d'acqua che precipitano verso il mare dalle montagne ripide. È emozionante osservare gli animali nel loro ambiente naturale, vedo sei, sette, otto orsi, una madre seguita dai cuccioli, anche se da questa distanza non sono poi troppo diversi dalle loro riproduzioni in peluche. Mi cullo in pensieri rassicuranti mentre alzo gli occhi verso le montagne, sulle quali è calata la serranda di nuvole che non sembra volersi alzare.

[17 – Shiretoko, "Alzo gli occhi verso le montagne, sulle quali è calata la serranda di nuvole che non sembra volersi alzare", pag. 76]

Nel pomeriggio invece prendo un bus per Rausu, sul lato della penisola che guarda a est e mi imbarco su un motoscafo guidato da un giovane su di giri per andare a vedere le balene. Il cielo si sta schiarendo, ma le cime delle montagne restano avvolte da un fitto strato di vapore, così denso e compatto da sembrare solido. Ma noi ci stiamo allontanando verso il mare aperto. Da qui vediamo la Russia, le isole contese di fronte allo Shiretoko che sembra di poter quasi raggiungere a nuoto: quando si toccano i confini essi appaiono ancor più assurdi, sciocche convenzioni umane prive di senso. Sono linee immaginarie e temporanee che un giorno saranno dimenticate e che nulla hanno a che fare con la Terra, che non ha memoria delle vicende umane. Nel frattempo il ragazzo al timone urla nomi in giapponese e vira di continuo inseguendo i cetacei e gli sbuffi d'acqua che spuntano da ogni punto cardinale: la barca pare seguire le indicazioni di una bussola impazzita. Poi ci fermiamo bruscamente. Il mare ribolle, quindi un enorme dorso scuro spunta fra le onde veloce, scivola arcuato come un grande serpente nell'acqua, fino a rivelare una coda imponente che resta verticale per qualche secondo prima di inabissarsi. Io sono impietrito dallo stupore, mentre il giovane capitano urla "makko kujira!". È un capodoglio, come Moby Dick, penso.

Per un attimo mi sembra che questo ragazzo che grida e indica il mare stia per lanciare un arpione. Lui è agitato – o forse cerca solo di svegliare dal torpore alcuni passeggeri giapponesi che sembrano completamente disinteressati – mentre io ho la reazione contraria: sono ancora paralizzato dall'emozione. E dal timore. Le balene fanno sentire l'uomo minuscolo e forse è proprio per questo che ci sono ancora oggi persone assurdamente ossessionate dall'idea di ucciderle o di mangiarne la carne, come se significasse piegare la natura stessa. Un'illusione, questa, ma che accompagna la storia dell'uomo.

Nel 1878 a Taiji, proprio il paese a sud di Osaka dove ogni anno si compie una mattanza di delfini (raccontata nel documentario 'The cove'), oltre cento balenieri morirono cercando di catturare una balena troppo grande e forte. A quel tempo un cetaceo era cibo e molto altro, visto che se ne usava ogni parte. "Una balena sulla spiaggia significa ricchezza per sette paesi", si diceva a Taiji. E quell'anno, dopo un lungo periodo di carestia, gli abitanti del paese decisero di attaccare, contro le loro usanze e tradizioni, una grande femmina con cucciolo. Forse c'era un'antica saggezza in questo divieto, qualcuno aveva posto un limite, sapendo che oltre non era possibile andare. I balenieri quel giorno colpirono l'animale, che però non voleva morire e trascinò con sé le imbarcazioni partite da Taiji per ore, fino alla notte. Quegli uomini tagliarono troppo tardi le funi che li legavano al grande mammifero. Sfiniti, dispersi in alto mare, esposti al gelo della notte, fra 110 e 130 balenieri non tornarono a casa. Nella fame e nella morte si costruisce l'identità di una comunità. E quindi, anche se inorridisco davanti alle immagini della caccia alle balene, non mi stupisce che a Taiji si continuino a rivivere la propria storia e la propria tragedia, mentre nel resto del Giappone ormai quasi nessuno mangia più la carne dei cetacei.

Le montagne mi guardano beffarde mentre sono diretto in bus verso il minuscolo aeroporto di Memambetsu. Per quattro giorni nebbia e maltempo hanno flagellato la penisola dello Shiretoko. Io ho visto altri orsi, cervi, cascate, laghi, ho vissuto giorni pieni e splendidi, ho visto i promontori galleggiare in un oceano di nebbia e ho provato uno strano sollievo quando ho capito che non avrei potuto più affrontare il lungo trekking che avevo pianificato. In quel momento la paura che avevo dentro si è sciolta come un nodo allentato, senza che ne sia riuscito a capire l'origine, appena sostituita da un velo di malinconia. Le mie certezze, maturate battendo i sentieri nelle mie montagne vicino a Bologna e poi in Irlanda, Norvegia e Islanda, si incrinano, non sono riuscito a lasciare le mie sicurezze cittadine, nemmeno con l'esagerato apparato di oggetti e presunti aiuti tecnici che mi sono portato fin qui. Ho fissato dei limiti e non li ho superati: per questa volta lascio che quel demone dormiente rida di me.

Questa sconfitta però mi è rimasta dentro e ancora non riesco a spiegarmi la sconosciuta sensazione di disagio che mi ha accompagnato. Poi, durante il viaggio in aereo verso l'aeroporto di Haneda, ho una rivelazione che sembra arrivare fino al cuore di questa paura. Una hostess ci avvisa con l'altoparlante che stiamo sorvolando la prefettura di Miyagi. Altre due assistenti di volo sono schierate in mezzo al corridoio. Hanno un volto serio, pietrificato, come se fossero manichini, e con gesti meccanici e stilizzati indicano il lato sinistro dell'aereo, sembra che mostrino le uscite di sicurezza. Osservo dal finestrino. Sotto di noi c'è la costa orientale devastata dallo tsunami di appena tre mesi fa. Me ne ero completamente dimenticato in questi giorni nello Shiretoko. Punto lo sguardo sul confine fra il verde e l'azzurro e cerco tracce di quanto successo, cerco di individuare la centrale di Fukushima, provo a riconoscerne la sagoma, ripensando a tante foto e video visti su Internet, sui giornali. Mi aspetto quasi di vedere un alone di radioattività sotto di noi, ma naturalmente è una cancro invisibile. Vedo invece chiazze biancastre, forse macerie, strade che si interrompono all'improvviso. È come se artigli enormi fossero emersi dal mare e avessero strappato la terra con tutto quello che c'era sopra.

Dopo il terremoto

Yuriage e Watari

Guardo fuori dal finestrino dell'auto. Attorno a noi scorrono campi e prati a perdita d'occhio, punteggiati qua e là da grandi edifici in lontananza. Mi chiedo quando arriveremo. Poi capisco. Siamo già arrivati. Siamo nel grande vuoto, dove quello che non c'è più racconta molto di più di quello che c'è ancora. Non ci sono più le persone, certo, non ci sono gli alberi, non ci sono più le case e nemmeno le macerie, non ci sono più le barche trascinate dalla grande onda di tre anni fa per chilometri nell'entroterra. Una volta rimosso quanto rimasto dopo la distruzione, resta solo un grande spazio. "Qui c'era un paese, qui c'erano case dappertutto, laggiù c'era una grande fila di pini dove andavo fare pratica di guida quando studiavo per la patente", racconta la mia amica Mizue che mi ha accompagnato con i suoi genitori qui a Yuriage, a mezzora di macchina da Sendai, la grande città dove abita. Scendiamo dall'auto e quelli che in movimento sembravano campi ordinati si rivelano una distesa di alte erbacce incolte e ingiallite. Ma non vedo niente, non capisco dove devo guardare. Poi realizzo che per terra si distinguono delle sagome di cemento. Mi sembra di essere a Misa, la città etrusca vicino a casa che ogni ragazzino bolognese ha visitato almeno una volta con la sua classe. L'archeologa e l'insegnante indicavano delle forme, delle linee di pietra in mezzo alla terra, degli spazi vuoti e dicevano "qui c'era una strada, qui c'era una casa". Ma io non capivo, non vedevo nulla perché niente assomigliava a una casa o a una strada. Provo la stessa sensazione di sconcerto di allora. E se non fosse per questa striscia di asfalto martoriato e scolorito, potrebbe sembrare che qui l'uomo manchi non da tre anni, ma da tremila.

 [18 – Yuriage e Watari, "Questa striscia di asfalto martoriato e scolorito, pag. 76]

Saliamo di nuovo in macchina, diretti alla scuola che qui è diventata un triste simbolo della tragedia dell'11 marzo 2011. Immaginate le scuole giapponesi viste mille volte nei cartoni animati: un grande edificio con una torre al centro e l'orologio in mezzo. È qui, quando è arrivata la grande onda, che in tanti hanno cercato la salvezza. Lo sapevano già, tutti sanno dove andare in caso di tsunami e questo è l'edificio più grande, più solido, più alto nel raggio di chilometri. E anche se ora è annerita, vuota, spettrale, la scuola è ancora qui. Da lontano sembrava circondata da una striscia colorata, come panni stesi al sole, ma quando ci avviciniamo scopro che sono persone, in gran parte ragazzi, anche giovanissimi. Sono disposti in una lunga fila e scavano nella terra incrostata di sale, la setacciano, alcuni vangano nei fossi ai margini delle strade. Scopro che cercano oggetti, frammenti di vestiti o di ossa, qualsiasi indizio che parli di uno dei 2636 dispersi che in questo momento mancano all'appello in tutto il Giappone nord orientale, oltre 40 solo a Yuriage. È una ferita ancora aperta a distanza di tre anni, un solco di dolore che divide le famiglie delle 15.884 vittime accertate da chi non ha nemmeno una tomba su cui piangere.

Le ricerche ufficiali, quelle promosse dalle istituzioni, si sono fermate in molte zone e vengono riprese solo sporadicamente. Ma l'associazione Step – che in inglese significa passo, come il passo in avanti – non si dà per vinta. «Raccogliamo firme per chiedere al Comune di continuare le ricerche – ci spiega Hiro, ma non è il vero nome – perché crediamo che chi ha sofferto tanto abbia bisogno di un corpo, di una certezza, per chiudere questo capitolo e guardare avanti». Ad aiutare Step, e altre associazioni che operano sulla costa, ci sono volontari provenienti da tutto il Giappone. Arrivano nei weekend: scavano nei fossi, nei canali, in tutti i punti in cui qualcosa può essere passato inosservato. Ogni giorno si fanno ritrovamenti: un cucchiaio piegato, una forchetta, un orologio, il brandello di un vestito, una tessera, monete arrugginite. Un paio di volte è capitato di trovare resti umani, ma Hiro non scende nei dettagli, forse non vuole. Ogni sera le foto degli oggetti vengono pubblicate su Facebook, sperando di ricevere una segnalazione. "Tutto viene confrontato con un archivio – continua – che contiene i dati delle persone scomparse: cosa avevano con loro, come erano vestite. Ma non tutti accettano di parlarci di chi han perso, c'è chi si chiude nel dolore, ci manda via, non vogliono più sentire queste storie".

I casi di successo finora sono stati pochi, ma il lavoro va avanti. I volontari di oggi arrivano da Tokyo (360 chilometri a sud ovest), sono di tutte le età, riuniti in un'associazione che si chiama Tvt: "Ci organizziamo via Facebook" – spiegano – "e la risposta è incredibile, sono tantissimi a voler partecipare, anche se il lavoro è duro. C'è gente che viene più volte, anche tutti i weekend". *Shimaguni konjo*, la mentalità isolana, mi aveva detto la mia amica Yoshika parlando di questa tragedia, sull'orlo delle lacrime. È un concetto che riunisce la chiusura all'esterno dei giapponesi, ma anche la loro forza, determinazione, coesione, la capacità di reagire, il loro attaccamento a quest'isola dove ogni giorno la terra trema. Al di fuori c'è solo il mare.

Ci spostiamo poco più a sud, a Watari, dove il mercato del pesce è stato ricostruito con alcuni prefabbricati. A lato della strada c'è anche uno degli immancabili distributori di bevande, che in Giappone si trovano a ogni angolo della strada. È un segno di normalità, quasi ostentato. Uno dei pescatori, Takahashi Tsutomu, che qui tutti chiamano 'Ben chan', è sopravvissuto, ma quel giorno per lui tutto cambiò per sempre. E ora è difficile ritornare alla normalità, lavorare è quasi impossibile: "Un tempo avevamo dieci pescherecci, ne sono rimasti tre – spiega –. Fra pescatori dobbiamo fare i turni per usare le barche. Ora c'è molto più pesce e i pesci sono più grandi, forse perché per due anni nessuno ha gettato le reti. Ma alle volte dobbiamo buttare via quello che abbiamo preso – dice con rabbia – perché non passa i controlli della radioattività". Non c'è giorno in cui il signor Takahashi non pensi a quell'onda spaventosa che si è portata via tutto: "Facevo volontariato, andavo a trovare le persone anziane – racconta -. Quando si è saputo che arrivava lo tsunami ho subito pensato a due persone che da sole non potevano uscire di casa. Ho tentato di raggiungerle, ma non ho fatto in tempo perché è arrivata l'acqua e mi ha travolto". Di quel giorno però ha un ricordo in particolare che non lo lascia. È il gelo e lo ripete più volte. E mentre pronuncia queste parole è il primo momento in cui sembra smarrirsi davvero, per uno spazio di pochi secondi, come se quel gelo non se ne fosse mai andato: "Ero completamente fradicio, avevo freddo, l'unica cosa che avevo per coprirmi era un sacco di plastica. Ho aspettato così i soccorsi".

Soltanto poche famiglie sono tornate dopo lo tsunami. Ben chan ha riparato la sua casa, usando gli aiuti che ha ricevuto e spendendo tutti i suoi risparmi: «La mia casa è qui – dice –. Ma capisco anche chi non è tornato: vive in case provvisorie, vicino a servizi e supermercati. Qui, invece, non c'è più niente. Non ci sono più nemmeno i negozi. È tutto da ricostruire».

Come e quando si farà però non è chiaro. C'è addirittura chi non vorrebbe più costruire nulla, visto che almeno una volta ogni secolo qui arriva un'onda terribile che si porta via tutto. Gli anziani ricordano i racconti su quella precedente e il ciclo sembra inesorabile. C'è anche chi vorrebbe alzare una grande barriera lungo la costa, mi spiega il padre di Mizue: "Ma c'è chi si chiede che senso avrebbe. Sarebbe davvero un bene toglierci il mare? E poi servirebbe davvero a qualcosa?". Lo tsunami è passato anche nei posti che avevano le barriere più alte e forti. Nessuno si aspettava un'onda così gigantesca. Nessuno può dire che la prossima non sarà ancora più grande.

La speranza per chi vive qui è legata al ritorno della vita. Lo scorso autunno a Watari è stata organizzata una festa. Sono arrivate centinaia di persone, anche dalla vicina Sendai, la città più grande della regione: «I pescatori hanno offerto zuppa di pesce e dalla città di Date, a nord, ci hanno mandato in regalo 500 capesante: sono finite tutte. È stato bello». Gli chiedo se spera in un futuro migliore. Sorride: «Non spero in un futuro migliore, lo renderò migliore».

Matsushima

Quante isole!
Va in mille frantumi
il mare d'estate
(Matsuo Basho)

Oggi soffia un vento gelido, graffia la pelle. Ma ho avuto fortuna, è una di quelle giornate terse che amo dell'inverno giapponese. In cielo ci sono poche nuvole a spezzare un azzurro intenso eppure così diverso dall'acqua color blu profondo sul quale stiamo navigando. È di una tinta violacea, come il mare omerico, colore del vino. E poi ci sono quelle isole, come cocci di porcellana che galleggiano fra le onde grazie a una forza ignota, spiccano in quel mare come denti luminosi in una bocca sdentata. Le guardo e mi ricordo il giardino zen di Kyoto, la barca, i flutti, il grande mare.

Sono venuto qui, a mezz'ora di treno da Sendai, per prendere un traghetto e cercare l'ultima immagine che porterò con me da questo viaggio, dopo tutto il dolore e il vuoto che ho visto ieri a Yuriage e Watari. Inseguo la visione dipinta in un quadro della mia amica Ayano Yamamoto, intitolato proprio 'Matsushima', nel quale un'isola appare come sospesa nel vuoto, sembra Làputa, il castello nel cielo immaginato da Hayao Miyazaki. È l'idea di un'isola, niente di più. La baia di Matsushima è uno dei *Nihon sankei,* i tre grandi panorami del Paese, uno dei luoghi amati dal poeta Basho. Sto seguendo la stessa rotta che percorse cinque secoli fa, fra 260 scogli di roccia ai quali sono aggrappati boschetti di pini o singoli alberi che sembrano rimasti impigliati nella pietra per qualche strano scherzo del vento. Queste isole sono state travolte dall'onda dello tsunami tre anni fa e come innumerevoli volte nei secoli e nei millenni non si sono mosse. Alcune hanno cambiato forma, le ferite sono ancora ben visibili, ma la realtà è che le osservo oggi come le osservava Basho un tempo. Matsushima significa "isole dei pini" ed è un nome che in un'altra lingua sembrerebbe eccessivamente semplice, riduttivo per questo posto. E invece in giapponese è essenziale, poetico, perfetto.

 [19 – Le isole di Matsushima, pag. 77]

Scatto foto, moltissime, poi capisco che questo momento sta scivolando via, non è così che troverò l'immagine che sto inseguendo. Metto via la macchina e immergo gli occhi nel blu, cerco di rallentare il tempo, di trattenerlo, vorrei che questo viaggio non finisse. Ho in mente un dettaglio del dipinto di Ayano, un ponte rosso, uno sbuffo di colore fra gli alberi. Lo cerco, anche se penso che se lo sia inventato. E invece lo trovo, ma solo alla fine, quando scendo dall'imbarcazione ormeggiata nel porto di Matsushima. Ormai non ci speravo più. Il ponte è diverso dal dipinto, è lungo centinaia di metri e collega la terraferma con l'isola di Fukuura. Lo attraverso e mi ritrovo a camminare da solo fra i pini altissimi, piegati dal vento ghiacciato. L'unico rumore è il sibilo grave dell'aria che si insinua fra le rocce e le piante, ma quando si attenua per qualche secondo scopro che è un suono fatto di più sfumature. Si sentono altre voci, come gli strumenti di un'orchestra che ora percepisco uno a uno. Le fronde degli alberi e gli arbusti che si toccano, più lontano il sussurro delle onde che si infrangono sulla roccia... poi il mio respiro. Alzo gli occhi, sopra di me ci sono le cime dei pini che ondeggiano e un cielo azzurro che sembra chiamarmi. Prendo la macchina e scatto l'ultima foto.

Note conclusive

Gli approfondimenti su molte delle località citate e i consigli e tutte le informazioni su come organizzare un viaggio in Giappone sono sul mio blog, Orizzonti. I libri citati non sono sempre di facile reperibilità in Italia. Le citazioni di PAUL THEROUX sono tratte da *Un treno fantasma verso la stella dell'est* (Ed. Baldini & Castoldi). Di TIZIANO TERZANI ho riportato una citazione tratta da *In Asia* (Tea), mentre quella di ANGELA TERZANI STAUDE è da *Giorni giapponesi* (Tea). Per quanto riguarda PICO IYER, l'autore che fra questi ha secondo me la comprensione più profonda del Giappone, Paese dove ha scelto di vivere, ho invece riportato un frammento di *C'era una volta l'Oriente*, il cui titolo originale è *Video Night in Kathmandu* (Neri Pozza). Sfortunatamente la versione italiana è attualmente fuori catalogo, così come quella de *Il monaco e la signora, una stagione a Kyoto* (Feltrinelli), forse uno dei migliori libri di viaggio sul Giappone. Di HARUKI MURAKAMI ho invece citato il celebre *Underground: racconto a più voci dell'attentato alla metropolitana di Tokyo* (Einaudi). I libri di SOEN OZEKI, compreso uno dedicato al tempio Daisen-in di Kyoto, si possono ordinare via internet sui siti più conosciuti.

Ringraziamenti

Vorrei dire grazie Letizia, compagna di viaggio e di vita che, in fondo, sono la stessa cosa. Ai miei genitori che mi hanno permesso di viaggiare. A Enrico Lanfranchi. E a Pietro Bassi che mi ha aiutato e consigliato. E, infine, a Mizue, Kanako, Yoshika, Yu, Tomomi, Shohei, Tomomi, Haruka, Ayano, Federico, Rika, Marina, Seiko, Masako, Ivan che mi hanno accompagnato in questo lungo viaggio in Giappone che, per quanto mi riguarda, è appena cominciato.

Il Giappone in breve

Il Giappone in numeri

Geografia

NOTA GENERALE
Isola dell'Estremo oriente che collega il Pacifico settentrionale e il Mar del Giappone alla penisola coreana.

SUPERFICIE
377.915 km^2 [62°]
Terra: 364.485 km^2
Acqua: 13.430 km^2

LINEA COSTIERA
29.751 km

ESTREMI
Punto più basso: Hachiro-gata -4 m
Punto più alto: Fujiyama 3,776 m

RISORSE NATURALI
Risorse minerarie irrilevanti, pesce

USO DELLA TERRA
Terra coltivabile: 11,26%
Colture permanenti: 0,81%
Altro: 87,93% (2011)

Popolazione e società

POPOLAZIONE
127.103.388 [11°]

ETÀ MEDIA
Totale: 46,1 anni
Maschi: 44,8 anni
Femmine: 47,5 anni

LINGUA
Giapponese

GRUPPI RELIGIOSI
Shintoisti 83,9%, Buddisti 71,4%, Cristiani 2%, altri 7,8%

TASSO DI CRESCITA DELLA POPOLAZIONE
−0.13% [210°]

TASSO DI NATALITÀ
8,07 nati ogni 1000 abitanti [222°]

TASSO DI MORTALITÀ
9,38 morti ogni 1000 abitanti [58°]

TASSO DI MORTALITÀ MATERNA
5 morti ogni 100.000 nascite [176°]

TASSO DI MORTALITÀ INFANTILE
2,13 morti ogni 1000 nascite [223°]
Maschi: 2,35 morti ogni 1000 nascite
Femmine: 1,88 morti ogni 1000 nascite

TASSO DI FERTILITÀ
1,4 bambini per ogni donna [208°]

ASPETTATIVA DI VITA ALLA NASCITA
Totale della popolazione: 84,46 anni [3°]
Maschi: 81,13 anni
Femmine: 87,99 anni

TASSO DI MIGRAZIONE NETTO
0 ogni 1000 abitanti [93°]

URBANIZZAZIONE
Popolazione urbana: 91,3% della popolazione totale
Tasso di urbanizzazione: 057% (annuale)

PRINCIPALI AREE METROPOLITANE − POPOLAZIONE
Tokyo (capitale): 37,217 milioni
Osaka-Kobe: 11,494 milioni
Nagoya: 3,328 milioni
Fukuoka-Kitakyushu: 2,868 milioni
Sapporo: 2,742 milioni
Sendai: 2,428 milioni

FASCE D'ETÀ

0-14 anni: 13,2% (maschi 8.681.728/femmine 8.132.809)
15-24 anni: 9,7% (maschi 6.429.429/femmine 5.890.991)
25-54 anni: 38,1% (maschi 23.953.643/femmine 24.449.655)
55-64 anni: 13,2% (maschi 8.413.872/femmine 8.400.953)
65 anni and over: 24,8% (maschi 14.218.655/femmine 18.531.653)

RAPPORTO TRA I SESSI

Alla nascita: 1,06 uomini per ogni donna
0-14 anni: 1,07 uomini per ogni donna
15-24 anni: 1,09 uomini per ogni donna
25-54 anni: 0,98 uomini per ogni donna
55-64 anni: 0,94 uomini per ogni donna
65 anni and over: 0,76 uomini per ogni donna
Totale della popolazione: 0,95 uomini per ogni donna

SPESA SANITARIA

9,3% del PIL [38°]

DENSITÀ DI MEDICI

2,14 ogni 1000 abitanti

DENSITÀ DI LETTI D'OSPEDALE

13,7 ogni 1000 abitanti

TASSO DI DIFFUSIONE DELL'HIV/AIDS

0,1% [120°]

PERSONE CON HIV/AIDS

8.100 [112°]

TASSO DI OBESITÀ

5% [157°]

SPESA PER L'ISTRUZIONE

3,8% del PIL [115°]

ALFABETIZZAZIONE

Totale della popolazione: 99%
Maschi: 99%
Femmine: 99%

ASPETTATIVA DI VITA SCOLASTICA

Totale della popolazione: 15 anni

Maschi: 15 anni
Femmine: 15 anni

DISOCCUPAZIONE GIOVANILE
Totale: 7,9% [123°]
Maschi: 8,7%
Femmine: 7,1%

Governo

TIPO DI GOVERNO
Monarchia costituzionale con governo parlamentare

CAPITALE
Tokyo

DIVISIONI AMMINISTRATIVE
8 regioni: Hokkaidō, Tohoku, Kanto, Chūbu, Kansai, Chugoku, Shikoku, Kyushu
47 prefetture: Aichi, Akita, Aomori, Chiba, Ehime, Fukui, Fukuoka, Fukushima, Gifu, Gunma, Hiroshima, Hokkaido, Hyogo, Ibaraki, Ishikawa, Iwate, Kagawa, Kagoshima, Kanagawa, Kochi, Kumamoto, Kyoto, Mie, Miyagi, Miyazaki, Nagano, Nagasaki, Nara, Niigata, Oita, Okayama, Okinawa, Osaka, Saga, Saitama, Shiga, Shimane, Shizuoka, Tochigi, Tokushima, Tokyo, Tottori, Toyama, Wakayama, Yamagata, Yamaguchi, Yamanashi

INDIPENDENZA
3 maggio 1947 (Giappone moderno); 660 B.C. (fondazione della nazione da parte dell'imperatore Jimmu; 29 novembre 1890 (Costituzione Meiji)

FESTA NAZIONALE
23 dicembre. Nascita dell'imperatore Akihito.

DIRITTO DI VOTO
20 anni; universale

EMBLEMA NAZIONALE

 L'emblema del Giappone è costituito da un crisantemo stilizzato di 16 petali su fondo oro, sovrapposto a un altro cristamtemo con 16 petali dello stesso colore. Il primo ad utilizzare tale emblema fu l'imperatore Go-Toba (1180-1239).

INNO NAZIONALE
Kimi ga yo (Il regno dell'imperatore)

Economia

MONETA
Yen giapponese

PIL
4.729 miliardi di $ [5°]

PIL PRO CAPITE
37.100 $ [36°]

PIL – DIVISIONE PER SETTORE
Agricoltura: 1,1%
Industria: 25,6%
Servizi: 73, 2%

FORZA LAVORO
65,62 milioni [9°]

FORZA LAVORO – DIVISIONE PER SETTORI
Agricoltura: 3,9%
Industria: 26,2%
Servizi: 69,8%

TASSO DI DISOCCUPAZIONE
4,1% [34°]

POPOLAZIONE SOTTO LA SOGLIA DI POVERTÀ
16%

DEBITO PUBBLICO
226,1% del PIL [1°]

TASSO D'INFLAZIONE
0,2% [13°]

ESPORTAZIONI
697 miliardi di $ [6°]

ESPORTAZIONI – PARTNER
Cina: 18,1%

Stati Uniti: 17,8%
Corea del Sud: 7,7%
Thailandia: 5,5%
Hong Kong: 5,1%

IMPORTAZIONI
766,6 miliardi di $ [6°]

IMPORTAZIONI – PARTNER
Cina: 21,3%
Stati Uniti: 8,8%
Australia: 6,4%
Arabia Saudita: 6,2%
Emirati Arabi Uniti: 5,5%
Corea del Sud: 4,6%
Quatar: 4%

RISERVE DI VALUTA ESTERA E ORO
1.268 miliardi di $ [2°]

Comunicazioni

TELEFONI FISSI
64,273 milioni [3°]

TELEFONI CELLULARI
138,363 milioni [7°]

DOMINIO INTERNET
.jp

UTENTI INTERNET
99,182 milioni [3°]

Fonte: CIA World Factbook, 2014

Tra parentesi quadre in rosso la posizione nella classifica mondiale

Mappa del Giappone

Fotogallery

1 – Tokyo dalla cima della Mori Tower

2 – Tokyo, gli spiedini vengono preparati in un tachinomi, un locale dove si mangia e si beve restando in piedi

3 – Tokyo: le strisce pedonali di Shibuya

4 – Il ramen perfetto, "per prima cosa guarda la scodella"

5 – Kyoto, lo Yasaka jinja

6 – Donne in kimono per le strade di Kyoto

7 – Kyoto, un giardino zen

8 – Kyoto, "Cammino lungo una vecchia ferrovia abbandonata, orlata da entrambi i lati di ciliegi in fiore, come una lunga galleria di petali"

9 – Kyoto, "Mi imbatto in una fila di festoni bianchi e rossi"

10 – Hiroshima, la statua di Jizoson

11 – Hiroshima, il Genbaku dome

12 – Hiroshima, il parco della pace

13 – Ishigaki, il menù

14 – Taketomi, "Un tappeto verde punteggiato di tetti rossi"

15 – Shirakawa-go, "Osservo una vecchia foto in bianco e nero"

16 – Le case 'gassho zukuri' di Shirakawa-go

17 – Shiretoko, "Alzo gli occhi verso le montagne, sulle quali è calata la serranda di nuvole che non sembra volersi alzare"

18 – Yuriage e Watari, "Questa striscia di asfalto martoriato e scolorito

19 – Le isole di Matsushima

Indice